本书由广州医科大学卫生管理学院专业建设经费资助出版

代际公共品
从理论到实践

孙海婧 ◎ 著

中国财经出版传媒集团
经济科学出版社
Economic Science Press

图书在版编目（CIP）数据

代际公共品：从理论到实践/孙海婧著．—北京：经济科学出版社，2021.8

ISBN 978-7-5218-2743-9

Ⅰ.①代…　Ⅱ.①孙…　Ⅲ.①公共物品-供给制-研究-中国　Ⅳ.①F20

中国版本图书馆 CIP 数据核字（2021）第 153599 号

责任编辑：周国强
责任校对：易　超
责任印制：张佳裕

代际公共品：从理论到实践
孙海婧　著
经济科学出版社出版、发行　新华书店经销
社址：北京市海淀区阜成路甲 28 号　邮编：100142
总编部电话：010-88191217　发行部电话：010-88191522
网址：www.esp.com.cn
电子邮箱：esp@esp.com.cn
天猫网店：经济科学出版社旗舰店
网址：http://jjkxcbs.tmall.com
固安华明印业有限公司印装
710×1000　16 开　11.25 印张　200000 字
2021 年 8 月第 1 版　2021 年 8 月第 1 次印刷
ISBN 978-7-5218-2743-9　定价：68.00 元

前　言

代际外部性的不可避免和代际间市场的缺失，是导致代际公共品供给困境的主要原因。社会转型打破了原有的利益格局，形成了新的社会阶层和利益群体。政府、市场与社会成为与代际公共品供给密切相关的利益主体，三者的互动与互嵌共同决定了代际公共品供给的最终效果。国家治理现代化不断推进，亟待建立与市场经济运行机制相适应的、多元主体共同参与的代际公共品供给机制。破解代际公共品供给困局的基本对策思路是，在强化政府主导作用的同时，充分发挥社会各方面的力量，创造多元主体共同参与的代际良性互动局面。

然而，代际公共品概念抽象、内涵丰富，我们需要依据其基本特征进行科学分类，这是深入把握不同类型代际公共品所蕴含的利益关系，进而提出治理对策、构建代际补偿机制的重要前提。

根据代际溢出的方向，将代际公共品分为“向前提供的代际公共品”（forward intergenerational public goods，本书中简称“向前的代际公共品”）和“向后提供的代际公共品”（backward intergenerational public goods，本书中简称“向后的代际公共品”）。前者意味着当代人向将来各代的福利转移；后者则意味着当代人对上代人的福利转移。

在此分类标准下，本书首先对现有代际公共品供给的相关理论进行系统梳理，简要总结和概括了代际公共品供给的一般性特征和问题，继而分别讨论了向前和向后两种不同类型代际公共品的主要特征、现实治理困境以及相应的对策。

本书除导论外共分为三篇：

第一篇是代际公共品供给的一般性理论，包括代际公共品理论的提出与发展。需要强调的是，西方学者关于代际公共品的特征及供给影响因素的探讨，有社会背景的局限，并不足以形成代际公共品理论的基石和研究框架。代际公共品供给理论的丰富和拓展，不能缺乏中国的实践。

第二篇是基于我国地方环境规制中相关利益主体的互动分析，展开对向前的代际公共品供给问题的讨论。相关结论及政策含义为，环境规制作为典型的向前的代际公共品，未来代的经济主体是代际外部性的主要承担者，并且代际外部性的承担者在供给决策中缺位或是处于明显的弱势，只能被动接受当期行为主体的决策后果。在这样的约束条件下，环境规制供给方（主要包括当期的地方政府、企业和社会公众）的决策面临当期自身约束条件、收益函数与未来期社会福利的权衡，继而形成三方互动的策略行为。其中，直接互动会因为企业的规制服从而形成代际公共益品的供给；间接互动则可能因为企业的规制规避而形成代际公共劣品的供给。针对地方环境规制过程中可能出现的策略行为和问题，扩宽社会参与渠道、构建现期地方环境规制中相关利益主体互动的激励兼容机制，是实现绿色发展之路的重要条件。

第三篇是基于老龄化背景下我国养老服务的供给困境及其治理，展开对向后的代际公共品供给问题的讨论。相关结论及政策含义为，养老服务作为典型的向后的代际公共品，其供给造成了老年群体养老服务成本向青壮年群体的转移。当代处于劳动年龄人口的青壮年群体是养老服务代际外部性的主要承担者，并且在供给决策中处于主导地位，他们是现期决策的制定和执行者，其自身的利益偏好很容易在决策时被优先考虑，尤其是当这种代际外部性对他们的利益造成了挤出或压力的时候。代际利益失衡以及代际补偿机制的缺失是养老服务消极供给的主要原因，需要以代内多元主体的协同，增强养老服务的代际支持力度，并通过行政机制、市场机制和社群机制的互嵌共治，构建完善的代际补偿机制。

本书的前两篇是在笔者2010年博士论文的基础上整理完成的，第三篇则是近年来的研究成果。两部分虽然相隔十年之久，却经历了思考沉淀，共同呈现了相对完整的代际公共品理论体系。但囿于个人水平和种种客观条件，上述成果仍存在诸多不足，有待将来研究的弥补与专家学者的批评指正。

在书稿完成之际要特别感谢我的导师李郁芳教授。李老师治学严谨又因材施教，是我学术路上的榜样。没有李老师一直以来的指导、鞭策和鼓励，就没有本书稿的完成。

最后，非常感谢我所在学院的领导和同事，他们的鼓励和支持使本书得以顺利出版。

目　　录

第2篇 向前的代际公共品供给：地方环境规制中相关利益主体的互动分析

第3篇　向后的代际公共品供给：老龄化背景下养老服务的供给困境及其治理

第 1 章 导论

1.1 问题的提出

人类社会的发展是在代际交叠和代际传承的条件下实现的，代际品的发展经历了多重嬗变。从家庭私有财产的代际继承逐渐扩展到社会层面资源、劳务和财富的代际传递和代际转移，深刻反映了从“代际品”供给到“代际公共品”供给的社会化过程，充分体现了人类社会文明程度的持续提高。代际公共品供给中政府与市场和社会的治理关系、相关利益主体的结构性质和续存方式，以及由此衍生的复杂性，已成为社会转型背景下国家建设和社会发展的重要政策问题。从这一角度看，对于代际公共品供给困境的治理，也是国家治理体系构建的重要内容。

代际公共品（intergenerational public goods）是指代际外部性表现突出的一类公共品。公共品的代际间非排他性和非竞争性是代际公共品理论重点关注的对象，因此，关于代际公共品的讨论属于公共品的研究范畴，是公共品理论研究在时间维度的拓展。

从供给实践看，代际公共品在现实中广泛存在并发挥着重要作用。它们在一个固定的时期内投资建成，而发挥作用的时间往往超过了几代人的存在时间；或者是在相对固定的空间条件下，它们所带来的作用和产生的影响要在一定的时间之后才能表现出来。例如，在我国历史上很长一段时间内，教育和养老是家庭私人部门提供的代际品，社会转型重塑了社会阶层结构及利益关系，代际依存条件下，教育、养老日益成为与实现可持续发展目标密切相关的重要的代际公共品。需要我们关注的是，由于投资生产与使用的双方是在不同的时空范围，这在一定程度上影响了代际公共品供给的资源配置效率，有限的资源没有完全用到刀刃上，导致了代际公共品供给表现出系统性的“厚此薄彼”的结构失衡问题。尤其是在财政分权和行政集权为特征的地方政府竞争过程中，投资周期短、见效快、成果易于显现的代际公共品（如开发区、政绩工程等）的供给过度，投资周期长、收效慢、成果转化难以衡量的代际公共品（如教育、养老服务、医疗和环境规制等）的供给不足。代际公共品供给的“选择性偏差”成为我国经济由高速增长阶段向高质量发展阶段转型所面临的突出问题，对经济社会的代际公平和可持续发展产生了显著的负面影响。

从理论的产生与发展看，西方发达国家的经济学者较早开始关注代际公共品问题，并围绕代际公共品的供给形成了阶段性的理论成果。中国作为一个发展中国家，也面临西方经济理论所研究的一些共性问题，并能从中获得借鉴与启示。问题在于：(1) 作为西方经济学体系中的一个分支，西方公共品理论、公共选择理论、代际公共品理论都不可避免带有一定的偏见和研究局限；(2) 中国的特殊国情，包括悠久的历史文化、现实的政治制度等特殊性，都是西方经济理论所难以涉及和深入分析的，因此中国经济转型背景下代际公共品理论的研究和应用不能完全以西方理论为基石，需要结合中国的实践，构建和发展符合中国国情的代际公共品理论。

近年来，代际公共品供给的治理在治理技术和治理方式方面取得了进步，但是由于面临其与生俱来的代际外部性问题和代际间市场缺失的约束，代际公共品供给机制设计方面仍然存在诸多不足。国家治理能力现代化要求的不断提升驱动代际公共品供给治理模式转型，政府、市场与社会成为与代际公共品供给密切相关的利益主体，三者的互动与互嵌共同决定了代际公共品供给的最终效果。本书立足于代际公平[①]和可持续发展的视角，面对中国经济社会发展中不断出现和更新的代际问题，围绕不同类型代际公共品供求利益关系的协调，考察社会转型背景下，代际公共品供给及其治理的激励因素与约束条件，探讨从传统的政府一元化管理模式向多元共治转型的协同路径，寻求构建良性互动的代际公共品供给机制设计和创新驱动。

1.2 研究意义

1.2.1 理论意义

1.2.1.1 深入探讨了公共问题中的代际关系

本书将研究视角从一般的代内维度拓展到代际维度，在综合考虑相关跨期因素的前提下，侧重于从代际维度考察代际公共品供给过程中各利益主体行为选择的动机和他们的策略互动，进而为与之相关的现实问题提供相应的理论补充和支持。

1.2.1.2 验证了代际公共品供给理论的适用性

已有西方代际公共品供给理论，仅仅局限于对完善“代际公共品”这一概念的讨论，鲜有文献以某一具体问题为例，运用代际公共品理论进行充分分析和反复论证。这一研究空白，使得“代际公共品”从20世纪80年代提出至今，仍然只是作为一个抽象的概念为人们所了解，甚至一度令人对其研究价值产生怀疑，严重制约了代际公共品理论的进一步完善和提升，这样的欠缺对于现有公共部门经济理论的发展，也无疑是一种遗憾和

① 但这并不意味着我们对代内公平和代际公平问题的绝对分割，实际上，代内公平问题与代际公平问题，二者之间有着密切的联系。只有在代际公平的约束条件下，才能真正有效地解决代内公平问题，同时代内公平是代际公平的基础，代内公平问题的解决会促进代际公平问题的解决，前者为后者不仅提供了财富和生态环境等坚实的物质基础，而且创造了经济、社会、政治、文化等多种有利的制度条件。

损失。本书在对现有代际公共品供给的相关理论进行系统梳理的基础上，聚焦公共服务的具体问题，分别分析了养老服务和环境规制在一般意义上的公共品属性之外所具有的代际公共品属性，将代际公共品供给理论分别运用于养老服务和环境规制相关治理困境的原因分析，并针对性提出治理对策，验证了代际公共品供给理论对于解释现实问题的价值所在。

1.2.1.3 深化了代际公共品供给理论的研究

代际公共品理论只有与现实问题结合才有了生命力。本书在对代际公共品一般性特征和内涵总结的基础上，更加关注代际公共品理论对我国现实问题的解释。根据公共品利益的流向，代际公共品可以分为对上一代人提供的“向后的代际公共品”和对下一代人提供的“向前的代际公共品”。前者以养老服务为典型代表，后者以教育和环境保护为典型代表。本书将在对代际公共品一般性问题分析的基础上，分别讨论这两种类型的代际公共品供给所面临的问题，继而分析其各自的内在逻辑、作用机理和解决路径。

1.2.2 现实意义

1.2.2.1 充分论证了高质量发展背景下代际公平的重要性

要实现高质量发展目标必须关注社会利益的协调。其中，代际间利益的协调是保证社会健康稳定发展的关键。如果缺少科学理念的引导，后代人的利益难免会成为当代人短期利益的牺牲品，代际不公平问题往往会成为社会可持续发展的瓶颈制约。代际公共品供给困境研究的出发点就是寻求代际公平目标的实现，在代际格局中，代内帕累托最优并不一定是代际帕累托最优，如果当代人不能将未来代人的利益纳入决策函数，其行为结果将难以符合可持续发展和代际公平原则。需要从代际维度出发，系统化地分析不同类型代际公共品供给过程中的各方面因素的影响，这对于实现经济社会的高质量发展有重要的现实参考意义。

1.2.2.2 进一步优化代际公共品供给的对策体系

本书在对代际公共品一般性特征和问题研究的基础上，对向前和向后两种类型的代际公共品的供给问题分别展开讨论，比较二者在激励的影响因素和政策措施上的差异。一方面，通过深入分析代际维度下地方政府环境规制中相关利益主体行为选择及它们之间的互动关系，探讨向前的代际公共品供给不足的原因与对策，指出在地方政府环境规制过程中，既要优化和完善政府环境规制的职能和责任，也需要激励各利益相关群体共同参与，给予相应的制度保障，以弥补政府在环境规制上的不足，更要避免环境规制产生代际公共劣品的效应，从而建立起正式环境规制和非正式环境规制相结合、政府规制与社会规制相结合的代际公共益品供给的环境规制体制，这对于实现我国经济社会与环境的和谐可持续发展有重要的现实意义。另一方面，通过深入分析我国人口结构快速老化背景下养老服务、互助养老的代际利益链接，探讨向后的代际公共品供给不足的原因以及实现代际补偿的挑战与对策，对构建可持续的养老服务体系具有重要的启示意义。

1.3 研究的理论背景

本书以产生代际利益关系和代际外部性的代际交叠经济作为理论背景，对代际公共品供给的理论和实践问题展开讨论。

1.3.1 代际重叠经济

萨缪尔森（Samuelson，1958）基于两代人口结构展开了对代际重叠经济的讨论。代际重叠经济的一个突出特征就是跨期性，将时间划分为离散的若干时期（不存在最后时期），基本时期等于一代人出生与另一代人出生之间的时间长度。该经济中任意一个时点上生活着的家庭人口由一组寿命有限的消费者组成。每个日期均有一批年轻消费者出生，在人口增长率为正的情况下，每批数量就要大于上一批。

假定每个消费者的生命周期分成两期，人口的构成状况如图 1－1 所示，图中实线表示各代人的寿命。每代人是通过其成员出生的时期加以判断的。则代际经济的人口结构可以表示为图 1－1。

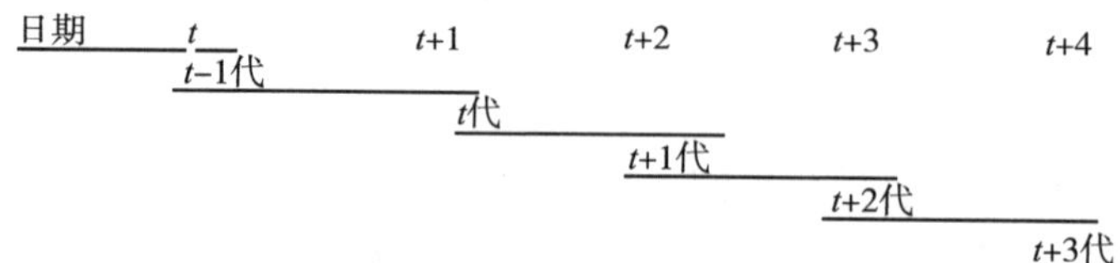

图 1－1　代际结构

萨缪尔森（Samuelson，1958）将代际重叠经济的基本假设描述为：所有消费者除了出生日期外完全相同，只有一种唯一商品的经济。每个消费者是在第一期得到这一商品的全部禀赋。由于没有储存，消费者能够在第二期进行消费的唯一方法是组织一系列的交易，将第一期的部分商品数量提供出去，在第二期得到相应的供货。组织这一交易的可能性将决定着竞争均衡的效率。

戴蒙德（Diamond，1965）对萨缪尔森的理论进行了拓展，在代际重叠经济中引入了生产过程，包括资本和劳动。每个消费者生活在两个时期，他们只在第一期工作，无弹性地供给一单位劳动。这一单位的劳动是其全部禀赋。他们在第二期退休，不提供劳动。消费者在第一期挣得的所得被分成消费和储蓄。第二期的消费等于储蓄加上累计利息。除了出生日期以外，所有消费者都全部相同。每一日期都出生一批消费者，人口以不变比率增长。该经济有通过资本和劳动生产的唯一的消费品。可得到的资本由该单一消费品的存量组成，通过上一期的储蓄产生。在生产过程中，资本不折旧，生产函数为规模收益不变的生产函数，选择相应的生产水平以使利润最大化。最后，所有市场都是竞争市场。资本作为价值储存的存在形式使消费者能够将购买力从一个时期转移到另一时期。

贝克尔（Becker，1974）构建了利他主义代际交叠模型，说明了在单方向（one-side）的遗赠模型中，上代人发自内心地关心后代的生活状况，会在一定的范围内给予后代人经济上支持。

上述理论假设抽象地描述了代际重叠经济，为代际公共品的理论开展提供了背景参考。现实经济社会中，代际相互依存、互嵌互动构成了代际间的利益链接，这是代际公共品理论研究的客观条件。

1.3.2　“代”的界定

人类社会代际的划分和更替是一个自然事实，代际利益关系与现代社会发展相伴而生，代际关系是人口学、经济学和社会学研究关注的对象。在实际研究中“代”的界定有多个维度。从家庭角度看，“代”可用“辈”来定义：父辈、子辈、孙辈等；从政府任期的角度看，也可以定义每一任政府的任期（一般为4年）为一代；从历史的角度，也可以按“重大事件产生一代人”① 来划分社会代际关系；从人口学角度，以10年为一代人，则每10年成为一个代际关系，以“代”作为衡量时间的单位。

严格意义上说，代际公共品发生效用的“时滞”较长，是一个持续性的过程，在针对复杂对象的情况下，将很难清楚地界定时间上的代际关系。但是，在具体意义的研究过程中，我们可以人为地以等量的时间划分作为代际划分的依据，可以将“代”定义为 n 年。在本书中，我们将根据人口学上规范的划分方法②，以十年来定义“代”。

1.4 研究方法

1.4.1 文献分析法

通过整理、消化、吸收代际公共品供给相关的国内外研究文献，掌握理论研究前沿和动态，为本研究的后续展开奠定坚实的理论基础。

1.4.2 演绎法

通过演绎推理将代际公共品供给的一般性理论拓展到不同类型的代际公共品供给问题研究。系统梳理总结了代际公共品的内涵外延和特征，并对代际公共品供给所面临的一般性的问题进行归纳，包括代际公共品供给的影响因素、作用机理，以及社会转型背景下的供给问题及解决途径。

从一般到具体，在讨论代际公共品供给的一般性原理基础上，结合我国

① 玛格丽特·米德：《文化与承诺：一项有关代沟问题的研究》，河北人民出版社1987年版。

② 王珍：《人口资源与环境经济学》，合肥工业大学出版社2005年版，第48页。

代际公共品供给具体领域的问题分别展开讨论，为推进代际公共品理论的本土化发展做出边际贡献。

1.4.3 规范分析法

通过定性比较探寻不同类型代际公共品供给的特殊规律，通过向前的代际公共品与向后的代际公共品之间的横向比较，分别考察环境规制与养老服务不同的代际公共品属性，探讨不同类型代际公共品供给的特殊问题和内在机制，并依据理论分析的结论展开对策分析。

1.5 研究框架

对代际公共品供给的政策导向探讨的现实意义远在对其概念界定之上。概念过于宽泛可能会导致问题与解决方案的错位，使用何种政策建议将取决于这些不同类型的代际公共品之间的区别。为此，本书通过对代际公共品的特点和代际外部性的作用范围来界定和区分不同类型的代际公共品及其作用边界。并在此基础上分别以"向前的代际公共品"和"向后的代际公共品"为线索展开研究，结合我国社会转型背景分析不同类型代际公共品供给困境的产生机理和应对政策。

除"导论"和"结论与展望"之外，本书分为三个部分。第一部分为代际公共品理论概述，通过国内外理论的梳理综合介绍代际公共品的概念框架，以及代际公共品供给过程中面临的市场、政府"双失灵"的共性问题；第二部分以地方环境规制实践为基础分析"向前的代际公共品"的供给困境和破解思路；第三部分以我国养老服务的代际利益链接为基础分析"向后的代际公共品"的供给困境和破解思路。

具体分为3篇9章内容展开。

第1篇（第2～3章）：介绍本研究的理论基础。第2章为文献综述，对代际公共品的国内外相关文献进行梳理，主要包括：理解代际公共品的关键性概念——代际外部性问题；代际公共品的特征；代际公共品供给的主要影响因素。第3章对代际公共品供给的一般性问题进行归纳。包括代际公共品与代际公平；代际公共品的分类；代际公共品供给的市场失灵与政府失灵。

第2篇（第4~6章）：代际公共品理论在地方环境规制实践中的应用。以地方环境规制为例对向前的代际公共品问题展开研究。包括环境规制的代际公共品属性；环境规制的代际外部性；地方环境规制中相关利益主体的互动；地方环境规制的对策。

第3篇（第7~9章）：代际公共品理论在养老服务实践中的应用。以养老服务为例对向后的代际公共品问题展开研究。包括老龄化背景下养老服务的代际冲突与现实选择；养老服务的代际外部性问题及其治理；聚焦代际利益关系最明显的互助养老（时间银行），对农村互助养老的代际补偿机制研究。

本书的研究思路框架如图1-2所示。

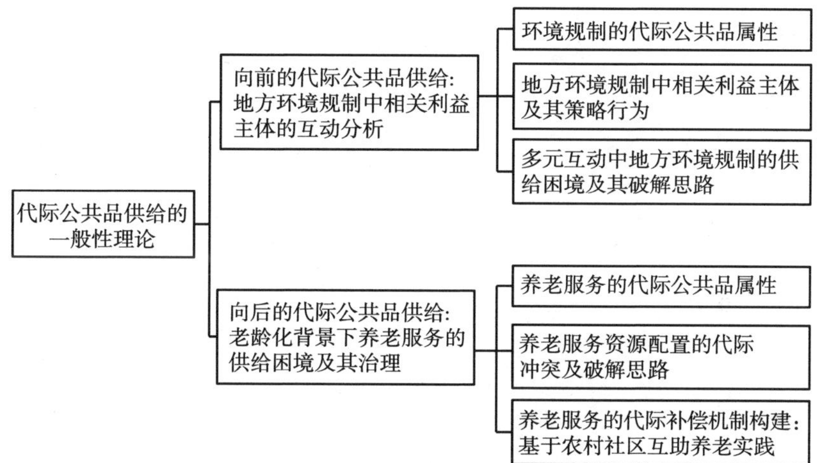

图1-2　本书的研究思路框架

1.6　本书可能的创新之处

1.6.1　从代际维度展开对公共问题的研究

本书将研究视角从一般的代内维度拓展到代际维度，在综合考虑时空因素的前提下，侧重于从代际维度考察代际公共品供给过程中各相关利益主体行为选择的动机和他们的互动关系。

1.6.2 对典型的代际公共品进行了比较分析

在代际公共品分类的基础上，针对向前的代际公共品和向后的代际公共品在现实的供给实践分别展开讨论。进一步细化了代际外部性的作用方向和影响，比较了向前的代际外部性和向后的代际外部性分别的现实表现和面临的供给困境，并提出针对性的对策建议。

第1篇

代际公共品供给的一般性理论

人类社会的发展是在代际接续努力的基础上实现的，代际公共品在其中发挥了重要作用。由于代际公共品是两代以上人投资、分享和使用的公共品，其供给过程是在多代相关利益主体互动中实现的。

伴随着社会转型的推进和社会发展质量的提升，代际公共品的作用不断凸显。但由于其与生俱来的代际外部性特征和面临代际市场缺失的约束条件，代际公共品供给往往面临市场失灵和政府失灵的双重困境。通过深入研究充分认识代际公共品供给的影响因素和作用机理，防止和克服政府、市场“双失灵”的供给困境、促进代际公平和可持续发展，是代际公共品理论研究面临的重要任务。

| 第 2 章 |

文献综述

2.1 理解代际公共品的关键概念：代际外部性

保罗·萨缪尔森（Samuelson，1954）在其论文《公共支出的纯理论》（*The Pure of Public Expenditure*）中界定了公共品的两个特征：非排他性和非竞争性。前者是指一旦公共品被生产出来，它对所有人会同时产生正向或负向的外部性，即使是没有为此产品付费的人也不能被排除在消费之外；后者是指在对此公共品消费的过程中，一个人的消费不会减少其他人的消费，并且，增加对这种产品的消费不会增加任何成本。由此可见“外部性”是与公共品界定密切相关的概念。当“外部性”的溢出范围超出了一代人的存续时间，产生了“跨期”的代际外部性，相应的“代际公共品”的概念也就产生了。

2.1.1 外部性理论的发展

外部性的准确概念至今尚未统一，萨缪尔森（Samuelson，1954）对外部性的定义为目前学术界所普遍接受：当在生产和消费的过程中一个人使他人遭受额外成本或额外收益，而且这些强加在他人身上的成本或收益没有通过当事人以货币的形式得以补偿时，外部性就发生了。更精确地说，外部性就是一个经济当事人的行为影响他人的福利，而这种影响没有通过货币形式或者市场机制反映出来。①

2.1.1.1 马歇尔的外部经济理论

马歇尔（Marshall，1890）在其著作《经济学原理》中首次提及“外部性”概念。马歇尔使用“内部经济”和“外部经济”两个概念来描述个别厂商和行业经济运行时组织的变化如何导致产量增加的情况。他认为，任何产品由于生产规模的扩大而产生的经济效应，通常可以分为两类。第一类经济效应取决于产业的一般发展，可称之为“外部经济”；第二类经济效应则取决于从事工商业的单个企业的资源、组织以及管理效率，可称之为“内部经济”。其中，“外部经济”实质上是厂商没有支付任何成本而分享的产业发展带来的那部分利益。

2.1.1.2 庇古与“庇古税”

马歇尔的学生庇古（Pigou，1920），在此基础上系统性地发展了外部性理论。在《福利经济学》这部著作中，庇古运用现代经济学的方法从福利经济学的视角系统研究了外部性问题。他提出了“边际社会净产值”与“边际私人净产值”的概念，前者是指从全社会生产过程中每增加一个单位生产要素所增加的产值；后者是指个别企业在生产过程中追加一个单位生产要素所增加的产值。如果二者相等，且产品价格等于边际成本，那么资源配置将达到最优状态。通过列举铁路引擎的火花引起森林地带破坏、工厂烟囱增加临近地区清洗费等实例，说明了经济活动中存在着的负外部性——边际社会净

① 萨缪尔森、诺德豪斯：《经济学》，华夏出版社 1999 年版。

产值与边际私人净产值的背离，仅仅依靠市场机制难以实现资源的优化配置，因而也不可能实现社会福利的最大化。根据收益和成本的递增和或递减情况的不同，庇古指出，外部性的概念是一把双刃剑，它既包含了利益，也包含了成本，并且主张政府运用征税或补贴等手段来纠正这些外部性，提出了解决外部性的修正性税收方案——“庇古税”：当存在外部不经济时，征收税额应为边际成本部分（即私人边际成本与社会边际成本的差额）；当存在外部经济时，则给予相当于边际外部收益的补贴。

2.1.1.3 科斯的外部性理论

科斯（Coase，1960）在《社会成本问题》一文中，对外部性问题及其解决做出了新的阐释。科斯批判了庇古税思想，指出外部性的产生并不是市场机制的必然结果，而是因为产权界定的不清晰，因此解决经济活动的外部性问题应该从社会总产值最大化或损害最小化的角度进行考虑，而不应局限于私人成本与社会成本的比较。基于此，科斯指出，产权界定和产权安排是解决外部性问题的根本途径，“适当的做法是比较这些不同的制度安排所产生的社会总产品，……到底允许甲损害乙还是允许乙损害甲，关键在于避免较严重的损害”。

以上学者的代表性观点被学界普遍认为是外部性理论发展过程中具有里程碑意义的贡献。[①] 马歇尔从产业层面提出“外部性”是研究生产规模问题的一个副产品；庇古借鉴了马歇尔外部经济的概念，具体分析了外部性的成因、类型、影响及解决途径，构建了较为系统的理论框架；科斯对庇古理论进行了拓展，从制度层面讨论了外部性的成因及其内部化途径。为外部性理论的后续发展和在各个领域的延伸奠定了坚实基础。

2.1.2 代际外部性概念的提出

从时间和空间的角度考虑，外部性可以分为代内外部性与代际外部性。代内外部性是已有的关于外部性问题研究文献的主要关注对象，它是一种空

① 沈满洪、何巧灵：《外部性的分类及外部性理论的演化》，载《浙江大学学报（人文社会科学版）》2002 年第 1 期，第 152 ~ 160 页。

间维度的概念，即对上述萨缪尔森关于外部性的定义进行了明确的时间限定，指的是同一时间范围内（本书指同一代），某一经济主体的经济行为对另一经济主体的福利所产生的影响，并且这种影响没有通过货币形式或市场机制反映出来。对代内外部性的研究主要是考虑即期的资源配置问题。代际外部性的研究，是从时间维度对传统外部性理论的拓展，它的研究主要考虑跨期的资源配置问题，“也可看成是当前向未来延伸的外部性”①。

制度主义法经济学的代表人物之一艾伦·斯密德（Schmid，1987）从人类之间的“相互依存性”的角度来分析外部性问题。他认为，外部性或相互依存性存在的本质实际上是权利的公共选择——既然人与人之间存在着既合作又冲突的相互依存关系，就需要通过制定权利规则来对人类的行为进行限制。“权利是一种手段，社会依此控制与协调人类的相互依存性，解决他们的利益分配。由于权利安排对经济运行及其结果具有影响，因此选择权利就是选择利益。”② 拥有资源使用的决策权利的经济主体也即是拥有了将成本转嫁他人的潜力。从可持续发展的视角看，斯密德这一思想的提出虽然主要是基于即期资源配置问题，却对资源跨期配置的代际外部性问题产生了重要的启发。

社会的资源配置结果产生于当期的公共选择过程，当代人所拥有的资源配置权利也在一定程度上意味着将成本转嫁给其他代人的可能性。代际外部性问题主要是要解决人类代际行为的相互影响，尤其是要消除前代对后代、当代对后代的不利影响。

随着可持续发展理论和实践的推进，代际外部性理论也引起国内学者的关注。赵时亮（2003）将代际外部性定义为，由于时间外部性产生的“时滞”长短不一，当“时滞”较长，超过一代人的时间时，其效应表现为上一代人或上几代人在生产和消费过程中造成的影响，使后代人为此付出或得到了额外的成本和额外的受益，使不同代际在享受资源的机会上处于人为的不平等。贾丽虹（2007）借助于两人外部性模型，将代际外部性解释为当某一经济主体 A 对另一经济主体 B 实施外部性时，两者处于不同的时期，而等到

① 赖书懿、陈华芳、熊锐：《论传统外部性理论解决环境代际外部性的失效》，载《生态经济》2007 年第 6 期，第 42 ~ 44 页。

② 斯密德：《财产、权力和公共选择——对法和经济学的进一步思考》，上海三联书店、上海人民出版社 1999 年版，第 6 页。

B 真正受到所施加的外部性影响的时候，A 也许早已经不存在了，B 对于 A 所实施的这种代际外部性几乎是束手无策的。李项峰（2007）指出，代际外部性源自代与代之间的相互依存关系，即由于当前一代的行动决定着将来各代继承的经济和生态容量，因此代际问题产生。在此基础上，他将代际外部性的特征归纳为以下几个方面：由于尚未出生或不具备独立的行为能力，将来各代只能作为一些虚拟的主体，因此他们既不能在当前的市场上竞价，也不能参与政治过程，当代人的决策对于将来各代具有不可撤销或不可逆的代际外部性。具有上述特征的代际外部性在本质上很难被内部化，它们的存在几乎确定地改变了社会合意的政策条件。根据上述结论，我们可以将外部性的表现形式和作用结果用表 2－1 表示。

表 2－1　　外部性的表现形式和作用结果

项目		外部性的作用结果	
		正外部性	负外部性
外部性的表现形式	空间	代内正外部性	代内负外部性
	时间	代际正外部性	代际负外部性

2.2　代际公共品理论的提出与发展

长期以来，传统公共品理论对公共品的讨论多关注于同一时间和空间的非排他性和非竞争性特征。所谓非排他性，是指经济主体不需要支付成本也能够从某种物品的消费中得到好处，或者要阻止某个不付费的经济主体对该种物品的消费是非常困难和成本巨大的。所谓非竞争性，是指一个人在消费公共品的同时并不会影响其他经济主体对该物品的消费。布坎南和塔洛克（1962）在《同意的计算》一书中，将研究视野从公共品本身的属性拓展到公共品的供给过程，把集体行动和公共品相等同，因为只有当集体行动决定了某项物品可以由公共供给时，该物品才被确认为公共品。

而伴随着动态研究方法的成熟和人们对代际经济的关注，更多的学者逐渐认识到，如果忽略时间性问题的讨论，公共品供给理论只能停滞于静态分析而缺乏动态分析的说服力。他们开始尝试突破单一的空间研究思路，从时间维度展开了对公共品的理论探索，代际公共品理论的日渐充实，正是这一研究趋势的重要体现之一。

桑德勒和史密斯（Sandler and Smith，1976）等人首先研究了代际公共品的概念。桑德勒（Sandler，1982）在《代际俱乐部理论》一文中对代际公共品的特征进行了较为详细的讨论。从那以后，伴随着代际外部性理论和代际公平问题研究的深入，涌现出大量与代际公共品相关的文献著述。一方面，很多文献采用了从具体到抽象的分析思路，针对代际公共品的某一典型代表进行研究，因而迄今为止的代际公共品理论研究，多分散于具体的例如教育、养老保障、环境保护、资源保护、代际公平等问题的讨论。另一方面，代际经济问题研究的繁荣，成为代际公共品研究的坚实的理论支撑，虽然很多研究的目的和主要对象不在于代际公共品本身，但这些研究的技术方法和结论，对于完善代际公共品的研究，具有积极的参考价值。

目前国外关于代际公共品的研究文献，主要关注两大问题：一是对代际公共品内涵与外延的界定，二是对代际公共品供给所面临的独特问题进行讨论。

2.2.1 代际公共品的概念及内涵的界定

代际公共品是在代际间分享的公共品（Sandler，1982），如国家公园、高速公路等。罗瑞（Lowry，1997）认为，代际公共品是为未来代人生产的物品或提供的服务。例如在一定的自然条件下，为后代人存留并保护的一部分土地、社会保障、退休养老金、为循环使用或者开发可更新使用能源者设置的税收激励、长期坚持的空间（太空）探索。兰杰（Ragnel，2003）指出，任何社会都会运用一系列非市场机构来决定向未来代人投资的数量。一个显著的例子就是政府投资多少代际公共品（如环境保护和纯科学）的决定。这些项目使未来代人继承了一种财富的转移，因为对当代人的课税，负担了后代人获益的经费，且公共品的效用是长期存在的。假设代理人存在于三个时期：幼年、中年、老年。每个时期，成年代理人面临两个决定：（1）决定惠及未来代而非当代人的“向前的代际公共品”的投资量，如教育投资。（2）决定

"向后的代际公共品"供给量，例如，政府通过社会保障体系向老年人提供转移支付。

通过上述比较，我们可以看出，现有典型的代际公共品文献对代际公共品的定义虽然各有不同，但都基本暗含了下列三个因素：（1）时间性，即无论是代际公共品跨期的投资与收益问题，还是代际公共品的使用寿命和效用问题，都与时间性相关。（2）稳定性，即代际公共品供给行为如何矫正、保持和延续。（3）代际"非排他性与非竞争性"，即公共产品对于一代以上的消费者的非排他性和非竞争性问题。

2.2.2 代际公共品的特征

代际公共品与一般性公共品相比具有的明显的不同之处。根据现有文献，代际公共品的特征主要有：

2.2.2.1 因使用而产生的跨期贬值

代际俱乐部理论（Sandler，1986）认为，俱乐部成员所承担的成本主要有两方面内容：一是非时间性的拥挤效应，一般是由于当代人之间的相互作用而产生的成本和费用，影响的是同一时间和空间的成员；二是时间性的"由于使用而造成的贬值"（也可以理解为折旧），贬值效应表示由于使用而造成的质量下降。贬值现象可能以运转效率的损失、再生产能力的破坏，或可使用面积的减少等形式出现。在一个既定时期内，贬值依赖这个时期以及以前所有时期的平均使用率。因此，贬值是一种与分享产品相联系的累积的质量下降。代际俱乐部理论考虑到了代际公共品的跨时间的折旧性特征，引入"跨时间"（intertemporal）（也即代际）的模型来检验公共品的代际特征，突破了传统的非时间性模型对于公共品理论分析的限制。

2.2.2.2 后代代理人缺位

兰杰（Rangel，2003）认为代际公共品的交易发生在一个无限生存的组织，内部存在重叠代结构，当代人决定投入多少资源，后代人不同比例地享受该投资带来的利益，一旦投资完成，无法从其产生的利益中排除后代人享用的权利，而后代人尚未出生，当代人与后代人不能达成交易合同来补偿当代人的投资成本。因此，代际公共品的供给决策很难通过市场机制对后代人所遭受的损失负责或者对当代人所支付的投资进行补偿。但更不能由此就简单得出结论认为代际公共品必须由政府供给才是有效率的。原因在于，代际公共品涉及后代代理人缺位，也就是说后代人在当代是不具备投票权、选举权和谈判权的，在公共选择的过程中，代际公共品的供给决定难免会存在短视行为，毕竟，当权者的任期是短于代际公共品的存续期的。由于政府的短视行为，代际公共品的供给相对于一般性的公共品供给而言，对政府提出了更高的要求。

2.2.2.3 难以准确把握合理供给的度

罗瑞（Lowry，1997）认为，代际公共品是准公共品的一个子集，其供给是一个相当复杂的问题，相对于代内的准公共品而言，由于涉及现代和未来代人的利益，代际公共品的供给更具挑战性：一是它们最终的消费者尚未出生，代际公共品的需求很难测度；二是未来代人的利益不能够简单地计算，因为企业家不能将未来代人的支出转换成现在的利润；三是未来代人不能直接支付代际公共品，只能通过承担债务和赤字支出的结果来间接地支付。可见，代际公共品供给的合理水平测度，是一个始终存在的难题。

2.3 代际公共品供给的代际合作组织

布坎南（1965）在《俱乐部的经济学理论》一文中，提出了介于私人物品和纯公共品之间的“俱乐部物品”。他指出物品的公共性与物品本身的客观技术属性无关，与俱乐部成员的供给决策相关，是俱乐部成员在最大化自身效用过程中均衡的结果。以布坎南为代表的公共选择学派从公共品的供给方式出发，发展了公共选择含义上的公共品，为后续公共品理论研究开拓了新的空间，也为代际公共品理论提供了完善的思路。

2.3.1 代内交易的组织间的合作

科玛（Cermer，1986）、萨朗特（Salant，1991）、坎多利（Kandori，1992）、史密斯（Smith，1992）、莎普赛（Shepsle，1999）等研究了每个时期所有代理

人同时采取的行动，能够影响到同期生活的每一个人，但是不能影响未来代人的组织情况，大致观点是，“无名氏定理”（Folk Theorem）的结果可以应用于代际重叠背景：只要代理人足够耐心或者生活的时间足够长，合作就能够维持。

2.3.2 在代际重叠组织中的合作

此类文献又分为两种：一种是类似“向后的代际公共品”（backward intergenerational goods，BIG）交易的问题。该代际重叠的经济组织选择投入多少来生产从年轻一代人向年老一代人转移的物品。哈蒙德（Hammond，1975）研究了一个标准的有两个时期的代际重叠经济中的养老金计划。代理人年轻时候具有一定禀赋，但是在年老时禀赋为零，并且假设没有商品储存和资金储蓄，继而证明每个时期都存在维持从年轻人向年老人的具有帕累托改进性质的转移支付的均衡。为了研究现收现付的社会保障的政治经济学，汉森和斯图尔特（Hansson and Stuart，1989）等学者将此模型延伸到代理人生活在超过两个时期并且通过多数原则进行决定的背景下。科特利科夫（Kotlikoff et al.，1998）和克雷普斯（Kreps，1990）认为，可持续的 BIG 的存在可以解决经济中的低效率问题。在一个标准的、有两个生命期的代际重叠经济中，每代人选举各自单独的政府，每代政府面临一个标准化的承诺问题：它愿意选择低的资本税率但却不能可信地履行这一承诺。他们证明，上述承诺问题可以通过引入一个自我维持的“代际合约”来克服，在“代际合约”中，只要上一代人能够遵从合约，为他们自己选择低的资本税率，每代人就会同意转移一大笔金额给上一代人作为补偿。转移支付可以用来克服道德风险问题。这些研究证明了 BIG 的供给有利于解决代际激励问题。另一种是类似“向前的代际公共品”（forward intergenerational goods，FIG）交易的问题，杜勒曼和桑德勒（Doeleman and Sandler，1998）、科特利科夫等（Kotlioff et al.，1993）都不约而同研究了在有限的代际交叠模型中向前的代际公共品的投资。结论是，由于各代人的自利动机，往往会产生投资不足。

2.3.3 关于向前向后代际交易的联系

贝克尔和墨菲（Becker and Murphy，1998）证明，把老年人的社会保障和孩子的教育视为一种代际间的交易是有可能的：孩子们从父母那里获得教育，并且作为交换，他们支付父母退休后的收益。兰杰（Rangel，2003）对他们的讨论提出了质疑，因为当孩子们成年以后，他们可以否认他们所要负担的责任。柏德林和蒙提斯（Boldrin and Montes，1998）进行了有紧密联系的分析，他们通过不同的模型阐述了共同的观点，运用代际交叠经济，研究了现收现付的社会养老保障和公共教育的多数决定规则的政治性意义。

2.4 代际公共品供给的影响因素

已有相关文献在介绍及讨论代际公共品的内涵及特征的同时，也分析了代际公共品政府供给的必要性及其面临的影响因素。

康尼斯和桑德勒（Cornes and Sandler，1986）从两个方面分析了代际公共品政府供给的必要性。一方面由于规模经济的要求削弱了代际公共品竞争性供给的效率，因此政府供给代际公共品相对于市场供给更具有优越性；另一方面国家立宪的条款中也明确提出了政府提供代际公共品的责任，如洲际高速公路的修建。兰杰（Rangel，2003）指出，由于代际间不存在一个可以使双方讨价还价以达成有约束力的合约的市场，代际公共品的供给责任必须要由政府来承担。

但是，由上述对代际公共品特征的分析可知，由于后代代理人缺位而造成的代际决策权的不对称，代际公共品的政府供给往往也面临着现实的约束。李项峰（2007）通过一个中间投票者模型的分析，得出结论为，无论是直接民主的政府体制还是代议制民主的政府体制，没有一种政府体制必然预示着一个远视的代际有效的结果。

通过对已有文献的总结，本书将代际公共品政府供给的影响因素概括为公众偏好和政治家偏好两个方面。

2.4.1 公众偏好对供给的影响

2.4.1.1 选民的意见对代际公共品供给的影响

扎勒和费尔德曼（Zaller and Feldman，1992）认为，由于存在跨时期的不一致行为、缺少对代际事物的显著关注，以及很多居民在具体问题上存在利益冲突等原因，公众意见对于代际公共品供给的影响力受到很大的影响，通常受到跨期行为的不一致、对代际问题关注的缺乏，以及许多选民在特定问题上意见的冲突等方面的限制。艾肯（Achen，1975）指出，即使居民有坚定的潜意识倾向于提供代际公共品，但由于测量方法的误差，进行跨期一致的估价是很困难的。

2.4.1.2 政治党派或利益集团的偏好对代际公共品供给的影响

道斯（Downs，1957）、弗洛琳娜（Florina，1981）指出，政治党派的行动，取决于选举的周期和短期的成功，而不取决于未来代人的认可。奥尔森（Olson，1965）认为，即使是某个集团追求的利益包括了一些未来代人的事务，集团的领导也必须对能够吸引和保持成员的更为直接的利害关系首先给予相当的关注。

2.4.1.3 倡导联盟对代际公共品供给的影响

倡导联盟框架（advocacy coalition framework，ACF）作为一个植根于美国背景的政策分析框架，将政策过程视作多个倡导联盟间通过竞争性政策倡导行动实现其政策信念的过程，主张以信念为核心解释政策变迁，并通过一系列变量及变量间因果关系，构建政策变迁路径。①

萨巴蒂尔和史密斯（Sabatier and Smith，1993）提出的倡导联盟框架提供了一个构造代际公共品需求条件的理论基础。倡导联盟不是简单的利益集团，它们是由在一个政策子系统中追求同一个政策立场的不同参与人组成的

① 张继颖、孙柏英：《倡导联盟框架：动态演进、应用特征及其应用评价》，载《兰州大学学报（社会科学版）》2020 年第 6 期，第 22 ~ 32 页。

联合体。例如，国家森林的木材产品的“商品联盟”可以分解为由木材公司、工厂工人、农场主、很多森林服务雇员以及国会里持共同意愿的成员构成。倡导联盟对政治程序控制能力的大小在不同的政治体系内有所不同。虽然它没有明确地关注代际公共品，但的确对长期政策进行了特定的检验。ACF 假设政策跨时期（多于 10 年）的变化由以下因素的作用而产生：（1）在政策子系统之内各个竞争性倡导联盟之间的相互作用；（2）由于外部条件例如经济危机而产生的系统变化；（3）由一定系统参数例如立宪规则等决定的稳定性。

2.4.2 政治家偏好与行为对代际公共品供给的影响

2.4.2.1 政治参与人的作用

罗瑞（Lowry，1997）认为，政府内部的政治参与人可以视为是有潜力的代际公共品的供给者，尽管他们也会影响代际公共品的需求。与被选举的官员不同，公共代理人起到了关键性的作用。

2.4.2.2 愿意承诺并参与关注未来代人利益的政治家的作用

柯恩（Cohen，1995）、托马斯和巴斯（Thomas and Baas，1996）认为，愿意承诺并参与关注未来代人利益的政治家是代际公共品供给的一个潜在的源泉。而另一方面，政治家们所发出的对代际公共品的官方声明的作用是有限的，原因如下：在一个时间点上做出的承诺对于维持代际公共品的长期必要性没有作用；政治参与者在做出如此官方声明的时候，不用担心为供给不足造成的后果负责；尽管主要的执行者可能会表达出代际服务的愿望，但是由于缺少正式的工具、稀有资源对长期项目的供给限制，以及必须对短期内的一些公共关注负责等因素，他们的行为最终会受到限制。

2.4.2.3 立法者的影响

除了对于执行者的期望，也有很多分析对立法者的长期承诺的实际性履行提出了质疑。费诺（Fenno，1978）、梅西（Mayhew，1974）对立法者的描述是，在他们关注长期性的问题之前，他们首先会更加关注他们参加再选的机会，因此会忽略现在行为在未来代的结果。阿诺德（Arnold，1990）的论述认为，事实上，立法者可能也关注潜在公共群体的偏好，包括未来代人，但尽管如此，这样的行为一般仅会在当它是显著地支持他们所在的联盟以及他们的地位时发生。

基于上述的政治家偏好与行为的分析，在西方所谓的“民主社会”的公共选择过程中，很难实现代际公共品转移的最优。布朗宁（Browning，1975）提出了基本观点，由于处于幼年的孩子没有投票权，具有投票权的代理人倾向于最大化他们生命期内的效用，因而直接的民主程序很可能会产生一个庞大的养老金体系。这一论点在后来的一系列公共选择的文章中得到了进一步的讨论。在现实生活中，“政府代表人们”通常意味着代议制民主。在这个体系中，政策取决于政府或者议会中的大多数。因为政府是由广泛基础的选举程序产生的，这就为执政者的实际执政行为提供了一个特定的范围和维度，并使得政府处于当代人形成的利益集团的压力下。

研究表明，由于本身所具有的贬值性、代理人缺位以及代际外部性等特性，代际公共品比代内公共品的供给更容易受到公众偏好和政治家偏好的影响。

2.5 文献述评

根据前面对国外相关文献的梳理，可以看出，一方面，西方经济学家和社会学家们从各个角度对代际公共品问题进行了开拓性研究，在代际公共品的概念、特性、分类及其供给等问题上的研究取得了重要进展；另一方面，已有的代际公共品理论尚缺乏一个得到广泛认可的分析框架和主线，甚至在基本概念的界定上也未取得一致。在这样的基础之上，代际公共品理论的进一步深化研究，必然面临着较大的障碍。

代际公共品理论从时间维度拓展了对公共品的研究，不仅在理论上是一个较为新颖、尚待发掘的领域，在实践上也具有重要意义。中国经济转型背景的理论发展和实践经验为代际公共品理论的丰富提供了更为广阔的空间。在我国当前转型发展的关键时期，如何规范政府的供给行为，充分动员社会力量参与供给，以保证教育、养老保障、环境和资源保护等代际公共品的合理公平供给，控制和减少代际负外部性，实现代际公平，已成为建设和谐社会、实现社会经济可持续发展的重要问题。深化代际公共品研究，优化代际公共品的供给结构就不仅仅是一个纯学术问题，而且是下一步改革和发展将直接面对的重大实践问题。

｜第3章｜
代际公共品供给困境及其破解思路

3.1 代际公共品与代际公平

3.1.1 代际公平是代际公共品理论研究的出发点

代际公共品在若干代内尤其是直接承接的两代人之间也存在非排他性和非竞争性，即投资一旦形成，当代人的使用不会排斥后代人的使用，也不会降低该公共品对后代发挥的效用。代际公共品供给必然伴随着代际外部性，其效应表现为上一代人或上几代人在生产和消费过程中造成的影响，使后代人为此付出或是得到了额外的成本和额外的受益，使不同代的人在享受资源的机会上处于人为的不平等。研究代际公共品供给的目的，是探讨代际公平的实现途径。

在现实中的表现也很明显，当代人投资兴建的社会基础设施，如高速公路、公园，不仅为当代社会经济发展带来了巨大的正的外部性（空间外部性），而且在后一代甚至几代的时间范围内，也还继续发挥作用。公共品的投资成本由当代人承担，后代人不付代价地享受到了额外的收益，此类代际公共品的供给具有典型的正的代际外部性特征；另外，当代人在进行代内的公共品投资行为时，并没有把未来代人的利益考虑在决策过程中，代际产权代理人缺位，不可能达成讨价还价的理想结果，当代人提供公共品的过程中进行资源的掠夺式开发、造成环境污染严重、生态蜕变等威胁人类健康可持续发展的长期性问题，以牺牲后代人利益换取当代经济的发展，此类代际公共品的供给就具有典型的负的代际外部性特征。

代际外部性导致了代际成本或收益的外溢，造成了“代内人”与“后代人”之间成本收益的不对称。无论是正的代际外部性还是负的代际外部性，都会影响资源在代际的配置，其实质与关键就在于，代际外部性影响代际公平，并引发与之相关的一系列社会问题。归根结底，我们研究代际公共品供给的标准是代际公平，目的在于分析和探讨促进资源在代际的合理和有效率配置的可行途径。

3.1.2 探求代际公平是全人类共同的话题

由上述关于代际公共品理论的回顾可知，现有的诸多关于代际公共品的研究的文献所讨论的中心问题是，如果当代人是自利的，他们为什么要选择如此的转移，并进而讨论何种制度形式能够实现代际公共品供给的最优化。

围绕这一中心问题，学者们对代际公共品的特点和由此导致的问题作了多方面介绍和讨论，在各种假设条件下建立了各具特色的代际公共品供给理论模型，目的都是为探求代际公共品供给的最优机制，分析代际公共品供给不足的问题所在。

而问题的根源——资源配置的代际公平，也在讨论中逐渐显现：一方面，后代代理人缺位，不能与当代人谈判沟通，维护后代人福利水平，满足后代人的实际需求；另一方面，当代人的投资不能得到补偿，缺少供给动机，甚至仅从提高当代人福利水平出发，忽视了对后代人福利水平的损害。

就目前的发展情况看，在代际公共品的供给问题上，东西方国家面临的情况有很大程度的相似性——一方代理人明显弱势或缺位。只要是从理性经济人假设出发，当代人站在自己立场上进行的决策都很少会考虑到后代人的利益。因此，提高代际公共品供给水平，探求代际公平是全人类共同的话题。

3.2 代际公共品的分类

代际公共品本身的概念抽象性和复杂性，决定了我们必须对其进行科学分类，才能深入把握其体现的特殊利益关系。根据目前大量的研究文献和现实情况，可从不同角度对代际公共品进行分类（见表 3－1）。

表 3－1　代际公共品的分类

分类标准	类型	分类标准	类型
拥挤与贬值发生的可能性	代际纯公共品	所在组织	国际范围的代际公共品
	代际非纯公共品	产品的客观属性	制度性代际公共品
产生效用的方向	向前的代际公共品		物质性代际公共品
	向后的代际公共品	代际的划分	社会意义的代际公共品
所在组织	家庭代际品		行政任期意义的代际公共品
	地区范围的代际公共品	价值判断	代际公共益品
	国家范围的代际公共品		代际公劣品

3.2.1 按照拥挤效应与贬值效应发生的可能性进行分类

桑德勒（Sandler，1986）指出，由于时间维度的引入，传统意义上标准的公共品分类将被调整，他把公共品大致分为四类：代内非纯公共品、代内纯公共品、代际非纯公共品和代际纯公共品。并指出，产品的归属通常并不具有唯一性，即许多产品可能同时属于两类以上。例如，像高速公路、国家公园以及城市基础设施等，由于同时面临着拥挤与贬值现象，因此既是代内又是代际非纯公共品。

3.2.2 根据代际公共品产生效用的方向分类

兰杰（Rangel，2003）根据代际溢出的方向，将代际公共品分为向前供给的公共品（简称“向前的代际公共品”）和向后供给的公共品（简称“向后的代际公共品”）。前者意味着当前一代向将来各代的转移，如环境治理对当代人产生了成本却使将来各代从中获得收益。后者则意味着将来各代对前一代的转移，如向年老者提供的养老服务、社会保障等。在这种场合下，代际公共品的供给对当代人产生了成本而使前代人获得了收益。一般而言，基于当代人利益的向后的公共品供给受激励程度更强。

3.2.3 根据代际公共品所在的组织分类

除了上述对代际公共品进行较为清晰分类的思想外，另一些学者的思考也是颇有启发性意义的。

布坎南（1965）提出了俱乐部经济理论，论证了俱乐部公共品供给的有效性。俱乐部产品（club goods）是非竞争性消费的公共产品，但由于制度安排的限制，其消费严格限于俱乐部成员。俱乐部成员通过收取通行费或使用费用来排除不愿意或者不能够支付这种费用的消费者。由于为产品付费者的集合等同于消费者集合，俱乐部产品意味着与其他类型公共产品相比能够更有效地减少搭便车者和较低的交易费用，相比于纯公共品供给更具有优势。

奥尔森（Olson，1971）的“集团理论”指出，有共同利益的个人组成的集团通常总是为他们共同的利益而行事。集团会在必要时采取行动以增进他们共同目标或集团目标。一般来说，提供公共或集体物品是组织和集团的基本功能，相比于大集团而言，小集团更容易提供接近最优数量的集体物品。

布坎南的“俱乐部产品”和奥尔森的“集团”产品理论证明，任何公共产品都是与某一组织相联系的，是组织内部成员的公共产品。该组织的公共产品对于内部成员具有“消费的非竞争性和非排他性”，而对于组织的外部成员则具有“消费的竞争性和排他性”。

这样，与公共产品相联系的就是一个由各类社会组织组成的完整的组织系列，这个系列的一极是最小的公共组织（可以由两个人组成），另外一极是最大的组织（超国家的全球性组织）。在这两极之间，排列着从小到大的各种社会组织（国家靠近极大的端点）。

将上述关于“组织系列”的思想引进代际公共品的分类中，就可以根据与其相联系的“组织”对代际公共品进行分类。

在图 3－1 中，横轴代表空间性。从左到右表示物品在空间上的公共性逐渐加强，由最小的组织（家庭）向最大的组织（国家）和国际组织延伸。与此相应，公共品分别有家庭代际品、地区范围的代际公共品、国家范围的代际公共品和国际范围的代际公共品等。

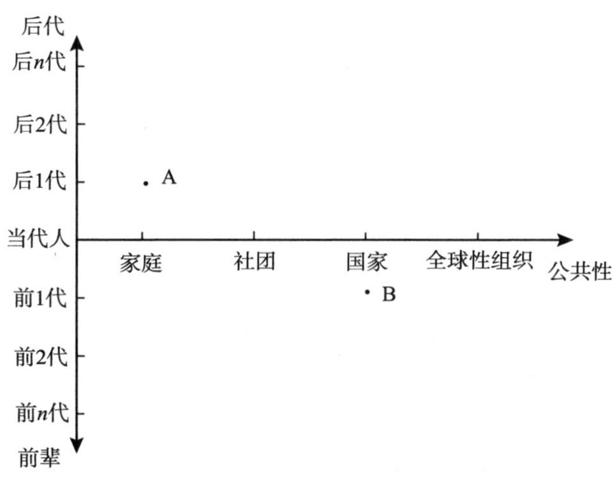

图 3－1　代际公共品分类坐标

处于横轴上任何一点的物品，是属于某个组织的空间上的公共品，只具有空间上的公共性而不具有时间上的公共性。纵轴代表时间性，从坐标的原点指向时间的前后两个方向，向上依次表示为当代人的后 1 代人、后 2 代人，直至未来的 n 代人；向下依次表示为当代人的前 1 代人、前 2 代人，直至前 n 代人。一旦将代际因素加入进来，那么，在由时间性和公共性（空间性）两个维度的坐标表示的平面内就可以较为清楚地描述每个组织自己的代际公共品：每个国家、地区、社区、利益群体、家庭等不同层次的组织都有与本组织相联系的代际公共品。在图 3－1 中，A 点表示家庭中当代人与下一代之间的代际品，例如家庭的教育投资；B 点表示国家范围内，向前 1 代人提供的代际品，如社会养老保障。与此相对应，代际公共品可分为家庭代际品（如赡养老人、抚养孩子等）、地区代际公共品（如交通网络等社会基础设施）、国家代际公共品（如国防、社会保障制度、民族文化传统和人文精神的传承等）和国际代际公共品（如战争与和平、国家间减少工业废气对大气层和地球环境的破坏等环保合作的《京都议定书》）等。从不同组织的角度进一步分类代际公共品有其独特的意义。事实上，自从桑德勒（Sandler，1999）在布坎南的“俱乐部产品”基础上提出“代际俱乐部”理论之后，后来的众多研究者对代际公共品的探讨也常常是与一定的组织相联系的。

3.2.4 根据产品的客观属性分类

根据客观属性可以将代际公共品分为“制度性代际公共品”和“物质性代际公共品”。

前者侧重于社会制度、行为规则的建设，如政治法律制度、社会道德规范等有形和无形制度的建立。作为公共品的制度（典型的如风俗习惯），其建立和形成常常不是一代人所能完成的，产生的效应也往往超越了一代人。后代人的政治经济活动总是在前代人建立的制度基础上进行的（哪怕是一种不好的制度），很难立马摆脱前人的影响。在一定意义上，制度经济学上所讨论的“路径依赖”指的正是这种现象。

后者则以一定的物质或资产的形态来表现，如公路、公园、大型水利设施、环境保护等公共建设项目等。在此，由当代人（或上代人）投资的公共品，其作用发挥超过了一代人的存在时间，后代人通过继承公共资本存量的形式来享受其所带来的利益。这类公共品以耐用性、耐消耗性为特征，其价值和使用价值会随着时间的推移而消耗。因此，“贬值率”和“留存率”是研究这类公共品时必须考虑的问题。

3.2.5 根据不同的代际划分标准分类

依据不同的代际划分标准，可衍生出不同含义的“代际公共品”。人口学上通常以10年作为“代”的划分标准。那么，作用或影响跨越10年的公共品，就成为所谓代际公共品了。通常所说的“代际公共品”主要是从这个含义上说的。而从行政任期制的角度看，“代”的概念则与官员的任期相联系（通常为4～5年）。显而易见，行政任期制意义上“代际公共品”的代际时限通常短于人口学意义上的“代际公共品”的代际时限。

3.2.6 根据价值判断标准分类

从产生代际外部性的价值判断的角度看，代际公共品可以分为代际公共益品（intergenerational public goods）和代际公共劣品（intergenerational public bads，也可以理解为代际公害品）两种。前者在代际间产生正的代际外部性，即是对后代人有益的公共品，如基础教育和环境保护。发展基础教育可以消除文盲，环境保护可以维护或提高环境的质量，对当代与后代的个人和社会都有好处。后者在代际间产生负的代际外部性，即是对后代人有害的公共品，它与代际公共益品是相对应的概念，具体而言，指的是带有公害性质的公共品，如环境污染。通常，环境污染也被称为公害，如在日本的环境立法中，较少使用环境污染的概念，与环境污染相类似的概念就是“公害”。现代日本环境法意义上的“公害”概念，首次被定义于 1967 年通过的《公害对策基本法》中。该法第 2 条规定本法所称的“公害”，是指由于工业或人类其他活动所造成的相当范围的大气污染、水质污染、土壤污染、噪声、振动、地面沉降以及恶臭，导致危害人体健康或者生活环境的现象。我国的环境保护法，也对“环境污染和其他公害”作了如下的解释和列举，“在生产建设或其他活动中产生废气、废水、废渣、粉尘、恶臭气体、放射性物质以及噪声、振动、电磁辐射等对环境的污染和危害”，这虽然不是对环境污染的严格的定义，但也在一定程度上明确了环境污染的公害性。环境污染的公害性，在代内与代际都是显著存在的。

固然，同一代际物品可能同时兼具双重外部性，不同代人之间亦可能依各自的立场而做出不同的价值判断。但只要从同一代人的公共利益出发，抓住外部效应的主要方面，还是可以也有必要从理论上做出上述区分。

代际公共益品和代际公共劣品的代际补偿的含义是不同的：前者所涉及的代际补偿问题，是指后代人对当代人的投入成本的代际补偿，这是一种向后的代际补偿机制；后者是指当代人对后代人的利益损失进行的代际补偿，这是一种向前的代际补偿机制。由于代际市场缺失和“搭便车”动机的存在，正的代际外部性的产品往往会出现供给不足；负的外部性的产品往往会出现供给过剩。正如后文将要提到的，对于环境规制这种具有正的代际外部性的“代际公共益品”，由于私人收益低于社会收益，也很难对理性的当代经济人包括政府部门、企业和公众产生供给激励，往往出现供给不足的趋势。

3.3 西方制度下代际公共品供给的市场失灵和政府失灵

西方国家选举民主与代议制民主都遵循选举式代表理论的基本逻辑（张国军，2019），在这样的制度背景和公共选择机制下，不同政党轮流执政、任期有限，导致官员行政责任有限和政策摇摆。代际公共品的代际外部性内部化机制的实现面临多重障碍，代际公共品供给的市场失灵和政府失灵问题同时存在。

3.3.1 代际公共品供给的成本－收益分析

成本－收益方法是一种旨在提高公共政策制定和执行质量的分析思路，它用货币形式计算和衡量由于政府决策所导致的社会福利的变化，其理论来源于帕累托有效原理以及潜在的帕累托改进。帕累托有效原理是衡量某种社会变化是否是有效率的标准，但现实中极少有公共政策能符合这一标准，任何公共政策都不可避免会使一部分人受益而使另一部分人受损。为此，卡尔多和希克斯提出了更为实用的衡量标准——卡多尔－希克斯改进（Kaldor-Hicksim provement），即如果公共政策能够使得受益人的收益足以补偿受损人的损失，这样的政策就可以被认为是福利改进的。

在代际交叠的背景下，代际公共品供给过程中的代际成本－收益也会有其特殊的补偿方式。康利（Conley，2002）借助戴蒙得模型、蒂布特模型，在考虑税收竞争和要素资源充分流动的前提下，讨论了地区性代际公共品供给代际外部性内部化机制的实现途径。结论指出，在要素流动充分的假设前提下，不考虑地区间外部性，地方政府可以通过土地价格的资本机制将代际公共品的代际外部性内部化，实现对当代环境规制投资人的利益补偿，从而提高环境规制这一代际公共品供给的效率，缓解代际公平问题的矛盾。具体而言，要素的充分流动意味着企业和居民可以选择“用脚投票”的方式来对地方政府形成影响和压力，公共品供给水平的提高有利于吸引企业和居民的进入，地方政府预期在未来时期的资本收益和税收收入可以补偿当代的代际公共益品的成本。因此，在代际交叠经济背景下，地方政府有激励提供对未来有益的代际公共品，以吸引更多的资本和要素流入本地区。

关于代际外部性内部化的这一推论是建立在严格的假设条件基础之上的。一是通过良好环境带来本地区地价的提升和税收收入的增加，可以对当代的地方层面代际公共品投资提供补偿，也即通过资本化途径将地方环境规制的代际外部性内部化。二是考虑要素充分流动性的条件下，企业和公众对于地方公共品的偏好会对地方政府提高代际公共益品的供给水平产生有效激励。三是有一个长期稳定存在的地方政府，即地方政府官员的任期或者地方政府的代际跨期政策是连贯不变的，代际外部性内部化的作用机制的隐含前提是地方政府任期和政策的连续性，目标要内在化代内和代际的外部性，并在这一过程中获益。

模型的假设条件与现实情况存在着一定的差距，尤其是在西方国家的政治体制下，因为代际间市场的缺失和地方政府政策的非连贯性，在地方层面代际公共品供给过程中难以避免地出现市场失灵和政府失灵并存的问题。

3.3.2 代际公共品供给的市场失灵

作为超过一代人使用的产品，代际公共品的需求、供给构成是很特殊的。尽管存在着需求显示的困难，但下述因素对于间接了解代际公共品的需求还是有帮助的：其一，代际公共品的收益是跨期分享的，因此，它的受益主体是当代与将来各代。代际公共品供给状况如何将在一定程度上影响到当代人，因此，当前一代选民作为代际公共品收益的分享者，将呼吁政府提供这些产品。其二，政党和利益集团间的竞争有助于揭示社会对代际公共品的需求。尽管政党的行为通常被描述为选举周期与短期成功而不是对将来各代的支持（Downs，1978），但在政党间的政治角力中，环保、教育、社会保障等常常成为引起社会关注和争论激烈的议题。政治竞争对于揭示和认识代际公共品的需求有一定的帮助。至于利益集团，即使集团领导人更关注的是吸引与保留成员等事务（Olson，1965），但在一些利益集团（如与清洁水源相关的水产养殖利益集团和消费者集团）那里，它们在保护自身利益的同时可能涉及将来各代的福利（治理江河水污染）。总之，将来各代的偏好显示是非直接的，其对代际公共品的需求显示必定是不充分的。

代际公共品的市场主体指的是由以价格为中心的市场机制自发调节，根据成本收益分析进行决策以牟取利润的市场行为人或群体。产权清晰、能够清晰计算成本和收益是市场有效供给的前提。学者们从不同角度分析了市场供给代际公共品所产生的不足问题。其一，由于它们的最终消费者尚未出生，代际公共品的需求很难测度。未来人的利益不能够简单地计算，因为企业家无法将未来代人的支出转换到现在的利润（Nelson，1982）。其二，产权在代际间的不完备性（郭骁，2006），使得代与代之间的“交易内部人”（同一代人）与“交易外部人”（另一代人）之间不存在直接的交易协议安排以协调他们之间的权益，致使市场在代际公共品的供给方面动力不足。其三，代际公共品所拥有的投资规模大等特点使得市场主体往往无力承担。总之，代际公共品的性质、特点决定了市场机制在代际公共品供给中基本是无效或低效的。

3.3.3　代际公共品供给的政府失灵

作为公共代理机构，政府有义务供给代际公共品。关于政府在代际公共品供给中所具有的独特优势和不可替代性，西方经济学家曾从不同角度进行了论证。其一，规模经济问题削弱了代际公共品竞争性供给的效率。由于代际公共品的投资规模大，政府供给通常在规模经济上表现出比市场方式更大的优势。其二，立宪上的约束和政党间的竞争可能要求政府供给代际公共品，例如州际高速公路和环保等（Cornes and Sandler，1986）。其三，政府所拥有的“权威性”和“政治强制力”，能够为代际公共品的供给提供一定的秩序。

政府在代际公共品供给上的功能主要体现在：第一，通过公共财政直接供给地方和国家的代际公共品，如环保、教育、社会基础设施等有形的代际公共品和无形的制度建设、规则制定等。第二，通过法律法规等的制度安排，规范和影响私人家庭内部的代际公共品的供给行为。例如，通过法律规定每位公民都具有赡养老人、养育和教育孩子的义务等。第三，作为主权国家的代表，在国际代际公共品的供给上进行国际协调。

然而，在西方政治制度下，政府在代际公共品的供给上也存在着与生俱来的缺陷：首先，在代际公共品供给的决策过程中，由于后代选民不具备投票和谈判的能力，他们的利益偏好将较少甚至不能影响政府的供给行为，从而使政府在代际公共品供给问题上的后代选民制约缺位。其次，被选举的政治家因选举周期的影响将偏向于一种短期的行为。比较分析通常描述政府承诺对于政策行为的重要性。然而，来自政治家的承诺对于代际公共品的影响通常是边际上的，在某一时点上作出的承诺可能不会在长期被维护。尽管政治家经常承诺向将来各代提供某种代际公共品，但是这种供给行为几乎得不到保证（Lowry，1998）。因为把有限资源投入代际项目上必定减少了代内产品的供给，这将引起许多选民在政治上的反应。再次，政府官员的利益结构也并不偏向于追求一些长期的代际目标。一是，作为更加关注自己政治命运的政府官员，除非供给代际公共品有利于其再次当选或晋升，他们才会有积极性投资代际公共品。二是，由于行政任期意义上的代际公共品的代际时限要短于人口学意义上的代际公共品，而后者的建设成本和见效周期基本上要长于前者，因此，政府官员总是更愿意供给前者而不供给后者。三是，如果这些官员被俘获，那么他们就更可能关注于短期而不是长期的事务（Lowry，1998）。官员追求长期目标的能力依赖于他们的专业技能以及他们使用这些技能的能力与愿望（Wilson，1989）。

总之，代际公共品特有的性质特点，决定了它总是面临着供给困局：从总量上看，代际公共品供给不足；从结构上看，代际公共品的供求错位；从规范分析看，“好”的代际公共品供给不足。

3.4 我国转型发展阶段代际公共品的供给困局及其破解思路

中国改革开放的进程同时也是计划经济体制向市场经济体制转轨的“治理转型”过程（杜龙政等，2019）。我国的经济制度环境、市场主体结构不同于西方，在我国经济高速增长向高质量发展转型的过程中，代际公共品供给实践有其独特性。“在转型中发展，在发展中转型”，转型发展既是当代中国经济发展的基本背景，也是构成当前代际公共品供给的基本约束条件。在这一场涉及社会各方面的深刻变革中，代际公共品的供求机制、供求格局都发生了根本性的变化，代际公共品供给面临的问题集中体现为转型期代际公共品的需求变化与现有供给模式间的不协调。

3.4.1 转型期代际公共品需求侧的新变化

3.4.1.1 社会生活方式转型带来的需求变化

随着农业社会向工业社会、乡村社会向城市社会的转型，人口流动速度加快，向城市不断聚集。进城人口的工作与城市工业、经济的周期运行密切相连；人们的生活方式也发生了巨大变化，产生了对城市给排水、垃圾处理、交通基础设施和环境治理、进城劳动力的住房、医疗、社会保障等方面的新需求。改革开放以来，我国以大大超过欧美国家的速度迅速推进城市化进程。国家统计局公布的数据显示，2011 年末常住人口城镇化率首次超过 50%，2018 年末常住人口城镇化率达 59.58%。[①] 按照城市化每增加一个百分点就要有 1300 万人口进城的带动效应考虑[②]，由此而产生的对社会基础设施、社会保障等代际公共品的需求是一个非常庞大的数字。

3.4.1.2 劳动结构变化带来的需求变化

中国社会现代化伴随着两次社会转型的推进：一是从农业社会向工业社会、从乡村社会向城市社会的转型；二是从工业社会向知识社会、从城市社会向城乡动态平衡社会的转型。与此相适应，中国劳动结构也正在或将要经历两次转变：一是工业劳动力比重超过农业劳动力，实现就业结构工业化（非农业化）；二是知识性职业比重超过生产性职业，实现职业结构知识化（非物质化）。为适应劳动结构的变化，社会对教育首先是基础教育和职业技术教育等代际公共品的需求急剧上升。此外，随着老龄化社会的到来，退休人口占比增加，我国社会日益增长的对高质量养老服务的需求，与养老服务

---

① 《国家统计局发布报告显示——70 年来我国城镇化率大幅提升》，https：//www.gov.cn/xinwen/2019－08/16/content_5421576.htm。

② 陈光庭：《中国国情与中国的城镇化道路》，载《城市问题》2008 年第 1 期，第 2 页。

现实供给的不平衡不充分，成为老龄化社会青壮年群体与老年群体共同面临的问题。

3.4.1.3 经济增长方式转型带来的需求变化

改革开放以来，我国在经济高速增长的同时环境污染问题也日益严重。据生态环境部 2019 年 5 月公布的《中国生态环境状况公报》，全国 338 个地级市的城市空气环境质量达标占比仅为 35.8%；在七大流域中，3 个流域为轻度污染，2 个流域为中度污染；在全国 10168 个国家级地下水水质监测点中，不达标的比例占到 86.2%。空气污染不仅危害我国居民健康，还带来了极大的经济损失。伴随经济快速增长所产生的资源耗竭，对大气、江河等自然环境的超前消耗，产生了对环境保护等代际公共品的强烈需求。以我国经济发展最快的长三角为例，在经济快速发展时付出了巨大的生态环境代价，成为新的生态环境脆弱带。环境污染、生态退化严重。京杭运河长三角段、太湖、长江下游段、钱塘江段都受到不同程度的污染，出现水质性缺水，其中以太湖最为严重。生态退化严重，地下水过度开采、土地退化加剧、生物多样性减少，原生生态破坏严重。随着经济由高速增长向高质量发展阶段转型，环境治理对社会可持续发展的重要性日益凸显。“绿水青山就是金山银山”，如何在经济发展的同时为自己、为子孙后代保护好自然资源，是转型期代际公共品供给面临的重大课题。

3.4.2 转型期代际公共品供给侧的主要问题

3.4.2.1 社会转型带来的代际公共品供给机制的变化和缺陷

单一由政府主导的自上而下的供给模式难以适应转型期人民日益增长的美好生活需要，社会主体日益分化和多元化，代际资源配置的公平和效率问题日益凸显，都需要代际公共品供给模式和供给机制进行相应调整。通过机制设计和制度创新，调整现有利益格局，实现多元参与主体的激励兼容，形成良性互动机制。在政府职能转变、政企分开、政社互动等方面做出重大变革，引入市场化的管理模式，通过竞争机制和采购服务，来实现代际公共品和公共服务的有效供给。

3.4.2.2 政绩考核压力下代际公共品供给的选择性偏差

以行政手段主导资源配置的传统地方治理模式催生了以 GDP 增长为导向的经济增长方式，后者又在长期固化了传统的地方政府代际公共品供给模式下的利益格局。由于任期内的政绩考核多注重当期各项指标，需要长期投资和运营管理的代际公共益品的供给不足。打破多方面的体制机制性掣肘，构建规范的代际公共品供给考核指标体系等有效制度约束，推动竞争性地方政府向公共服务主体回归。

3.4.2.3 代际公共品供给仍然存在地区和城乡差距

代际公共品和代际公共服务是基本公共服务的重要组成，现阶段代际公共品供给的地区间和城乡间差距仍然存在，既是制约满足人民美好生活需要的重要因素，也是转型期迫切需要解决的发展不平衡问题。在义务教育、环境治理、养老服务和基本医疗服务的相关领域，多实行“以县为主”的管理体制，县级财政承担了大部分财政责任，这也在很大程度上制约了农村和欠发达地区代际公共品供给的能力和发展空间。

3.4.3 我国转型发展阶段代际公共品供给问题的解决思路

转型发展是一场深刻的变革。国家治理现代化不断推进的过程中亟待建立与市场经济运行体制相适应的、多元主体共同参与的代际公共品供给机制。不仅如此，转型发展还打破了原有的利益格局，形成了新的社会阶层和利益群体。不同社会群体对代际公共品有着不同的利益诉求，要求参与决策和监督政府公共品供给行为的呼声日益高涨，亟待建立相应的制度安排。破解代际公共品供给困局的合理对策思路是：在强化政府在代际公共品供给中主体作用的同时，充分发挥社会各方面的力量，创造多主体共同供给的代际良性互动的局面。

3.4.3.1 改善政府在代际公共品供给中的主体作用

需要关注的问题有：（1）正视转型发展中新的利益格局变动所引起的代际公共品需求变化，充分发挥政府在规模经济方面的优势，尽快实现从建设型财政向公共财政的转变，加大对代际公共品供给的力度，优化结构。（2）充分发挥政府在制度创新和建设方面的优势，依据转型发展的进程，加快代际公共品供给的制度建设。其中包括：完善代际公共品供给的公共参与制度，积极创造各利益主体特别是弱势群体平等表达、共同参与决策的制度平台和机会，强化居民的自愿选择权，完善监督制约机制。（3）全面贯彻实施促进经济社会和谐发展的战略，改变以 GDP 为核心的地方政府行为约束考核机制，促使政府更好地扮演社会公共利益和后代人的利益代理人的角色，合理安排代际公共品的供给结构，遏止“竭泽而渔”的短期化行为。（4）进一步推进城乡一体化和公共服务均等化发展战略，尽快消除代际公共品供给的二元结构和地区不公平现象，以更好地推进社会公平的实现。

3.4.3.2 鼓励社会力量的有序参与

公众参与是代际公共品供给的重要力量。社会转型背景下，教育、养老和环境保护等代际公共品与社会公众的利益更为密切，影响也更为直接。在代际公共品供给过程中尤其需要各种形式的公众参与、主动配合和有序监督。然而在传统治理模式导向下，我国社会的公众参与是自上而下建构的结果，公众的参与也主要依赖政府推动，且参与渠道非常有限。代表社会发育程度的社会组织也明显缺乏自治能力；并且，社会力量的松散往往会产生微观行为主体仅从自身或局部利益出发的行为决策，影响了代际公共品供给的现实效果。伴随国家治理能力的不断提升，公民的社会功能应该得到更大的发挥。鉴于我国现阶段社会组织发育不完善、公众参与不充分的现实情况，公民的社会功能培育可以从三个层面展开。一是要尊重社会公众的知情权和参与权。充分运用数字信息技术和官方信息平台，畅通公众对代际公共品供给关键信息的获取渠道，建立实时高效的政府与公众双向沟通机制，巩固社会信任基础。二是要拓展社会公众的参与渠道，强化基层治理能力。充分发挥城乡居民自治、社区自治、社会组织等基层力量在代际公共品供给中的社会自治的载体作用，营造公众主动参与的社会氛围，形成全社会参与的网络化治理格局。三是要激发社会公众的主体意识，增强公众的社会责任感。在塑造公众高度的政治认同、保障社会团结的基础上，积极改善和加强社会公众的公民意识教育，构建政府与社会的建设性合作伙伴关系，共同承担代际公共品供给的责任。

3.4.3.3　坚持以人民为中心的发展思想

教育、医疗、养老、环境等民生性代际公共品是人民群众生存发展的基本保障，也是引发社会矛盾、造成社会不稳定的重要诱因。坚持以人民为中心的发展思想，创新代际公共品供给的治理模式，就是要充分考虑资源配置的代际公平，从人民群众的需要出发，解决好人民群众的切身利益问题，这是社会主义发展的本质要求。

第2篇

向前的代际公共品供给：地方环境规制中相关利益主体的互动分析

环境问题具有不断累积的特征，即伴随着时间的推移，废弃物和污染的存量不断增加，对人类现在和未来都赖以生存的生态环境系统造成了严重的破坏。虽然人类个体的生命周期有限，但我们现期对于环境破坏或者是关于环境保护和利用的决策，都会产生长期的持续的效应，其作用不仅在当期，也涉及我们可以预见或难以预见的未来；不仅影响当代人的福利水平，也影响未来代人的福利水平。

中国经济高速增长的同时伴随着资源浪费与环境污染，日益严峻的环境问题成为影响经济高质量发展的突出问题。中共十八大以来，生态文明建设的地位与作用逐步凸显，人民群众对高质量生态环境的要求在不断提高。坚持“绿水青山就是金山银山”的发展理念，加强生态文明建设，给子孙后代留下天蓝、地绿、水净的美好家园，是我们的一项战略任务。2021 年 4 月 22 日习近平总书记在“领导人气候峰会”上的讲话强调，坚持人与自然和谐共生，大自然是包括人在内一切生物的摇篮，是人类赖以生存发展的基本条件。大自然孕育抚养了人类，人类应该以自然为根，尊重自然、顺应自然、保护自然。不尊重自然，违背自然规律，只会遭到自然报复。自然遭到系统性破坏，人类生存发展就成了无源之水、无本之木。我们要像保护眼睛一样保护自然和生态环境，推动形成人与自然和谐共生新格局。因此，提高生态治理体系和治理能力代化水平，推进生态文明建设，保护清洁美丽的地球家园，是我们能够给予子孙后代的最好馈赠。

伴随着生态文明建设上升为国家战略，经济高质量发展对环境规制提出了更高的要求，不仅要加强环境规制的实施力度，更要注重环境规制体制机制创新。环境规制是典型的向前的代际公共品。本部分阐述了环境规制的代际公共品属性，其主要供给特征是：（1）会产生向前的代际外部性；（2）未来代的经济主体是代际外部性的承担方；（3）外部性的承担方在现期公共选择过程中缺位，只能被动接受当期行为主体的决策后果。在这样的约束条件下，环境规制供给方（主要包括当期的地方政府、企业和社会公众）的决策面临当期自身约束条件、收益函数与未来期社会福利的权衡，继而形成三方互动的策略行为。基于环境规制的代际公共品属性和代际外部性特征，针对地方环境规制过程中可能出现的策略行为和问题，构建地方环境规制中相关利益主体互动的激励兼容机制，是实现绿色发展之路的重要条件。

| 第 4 章 |

环境规制的代际公共品属性

4.1 环境问题的外部性

本书所涉及的“环境”是指，包括与人类的生存和发展有密切关系的生活环境和生态环境在内的、影响人类生存和发展的各种天然的和经过人工改造的自然因素的总和。其主要包括大气、水、土地、矿藏、森林、草原、野生动植物、水生生物、风景区、自然保护区、生活居住区等。环境不仅是社会经济发展的资源提供者，也是排放废弃物的接收器。

关于环境污染的概念，比较有影响的是经合组织（OECD）在 1974 年的一份建议书中提出的，为其成员国共同接受的定义：被人们利用的物质或者能量直接或间接地进入环境，导致对自然的有害影响，以至于危及人类健康、危害生命资源和生态系统，以及损害或者妨害舒适和环境的其他合法用途。①

① 汪劲：《中国环境法原理》，北京大学出版社 2000 年版，第 123 ~ 124 页。

4.1.1 环境污染的代内外部性

外部性理论对于分析环境污染问题的重要性，是时下的经济学文献所公认的，“事实上，在传统的新古典经济分析框架中，研究环境污染问题的逻辑起点就是外部成本”①。伴随着环境规制理论的不断演进和发展，外部性理论的地位越发重要。

环境污染的代内外部性主要体现在地区性和跨地区性两个方面。环境污染的地区性是指，“由于自然环境背景（地质、地貌、气象、水文、土壤、生物等）和人文环境背景（人口、社会环境结构、经济环境结构、土地利用状况等）的差异，污染物空间分布、迁移和转化在不同的地区具有不同的特点。同时，相邻或相近地区的环境问题也不是孤立的，而是相互联系、相互影响、互为因果、表现出一定的共性”②。

环境问题的跨地区性是指，污染物（废气、废水、废渣）等通过水源、空气等介质在空间迁移和转化，通常是从一个地区到相邻的另一个或几个地区的迁移。生态系统是一个有机联系的统一整体，因而污染物的跨地区转移经常会引起不同行政区域的环境问题纠纷。环境问题的跨地区性非常普遍，例如马修·卡恩在对环境类区域性公共品研究是所指出的：“印度尼西亚的森林大火影响了新加坡居民的生活质量；污水顺流而下，危及下游水域国家居民的生活质量；……而在拉丁美洲，工业垃圾和未经处理的废水污染了纵横交错的水系，并将污染物带到邻国。”③

4.1.2 环境污染的代际外部性

现实问题中，代内外部性与代际外部性两者并不是严格区分的。大多数的外部性问题，是在时间和空间两个维度上同时展开的，只不过有的在空间

---

① 傅京燕：《环境规制与产业国际竞争力》，经济科学出版社2006年版，第41页。

② 自然地理与环境研究编辑委员会：《自然地理与环境研究》，中山大学出版社1992年版，第208~213页。

③ ［西］安东尼·埃斯特瓦多道尔、［美］布莱恩·弗朗兹、［美］谭·罗伯特·阮：《区域性公共产品：从理论到实践》，张建新、黄河、杨国庆等译，上海人民出版社2010年版，第190页。

性上更为突出一些，有的在时间性上更为显著一些。

卡森女士（Carson）在《寂静的春天》中指出：“现在每个人从未出生的胎儿期直到死亡，都必定要和危险的化学药品接触，这个现象在世界历史上还是第一次出现。合成杀虫剂使用才不到二十年，就已经传遍生物界与非生物界，到处皆是。我们从大部分重要水系甚至肉眼难见的地下潜流中都已测到了这些药物。早在十数年前施用过化学药物的土壤里仍有余毒残存。它们普遍地侵入鱼类、鸟类、爬行类以及家畜和野生动物的躯体内，并潜存下来。科学家进行动物实验，也觉得要找个未受污染的实验物，是不大可能的。”① 巴里·菲尔德和玛莎·菲尔德（Field and Field，2006）在其编写的《环境经济学》一书中指出，根据环境污染物被排放以后，随时间推移，是不断累积还是很快就分解，可以将环境污染物分为非累积性污染物和累积性污染物。前者如噪声污染，它随污染行为的停止而消失，后者如放射性废弃物，还有 PCBs 和 DDT 等人造物质，它们的衰变和降解速度极其缓慢，一旦进入环境，便不会消失，“这种污染物的排放数量几乎就是环境中累积的数量”②。环境污染随时间推移而造成的影响，用污染物存量的计算可以表现为：

每年会有正的流量的累积污染物 F_t，增加到环境中去，任意时段内的新增存量依赖于现在的流量减去因生物降解或化学反应而减少的那部分。在任意的时期 t^* 的存量是：

$$S^c_{t^*} = \sum_{t}^{t=t^*} F_t$$

可见，当代人的经济活动所产生的外部性不仅对当代人发挥着或正或负的作用，同时也对后代人产生着积极的或消极的影响，一些不能及时在当代人时限内消除的外部性，也将会随时间的推移，对后代人产生影响。并且，在环境污染问题上，这种代际的外部性将更多地表现为负的代际外部性——污染物的增加、生存环境的恶化。

基于上述对环境污染的代内外部性和代际外部性分析可知，环境污染，无论是在代内还是在代际，由于污染者将私人成本转移到其他社会成员身上

① ［美］蕾切尔·卡森：《寂静的春天》，吕瑞兰、李长生译，上海译文出版社 2008 年版，第 15 页。

② ［美］巴里·菲尔德、玛莎·菲尔德：《环境经济学》，中国财政经济出版社 2006 年版，第 30 页。

（当代的与未来代的），表现出明显的负外部性特征，因此，环境污染是一种代内公共劣品，也是一种典型的代际公共劣品。

4.1.3 传统外部性理论对于解决环境代际外部性的局限

4.1.3.1 代际外部性的特殊问题

从环境规制的净效应来看，将来各代人实际上获得的转移收益很可能小于其遭受的转移成本，即他们通常面临着规制政策的外部不经济，政府的环境规制通常会对将来各代产生较大的额外负担（Ben，Jan and Jenny，2006）。

传统外部性理论的提出主要是基于代内外部性问题的讨论，对于解决环境代际外部性问题仍然存在明显局限。

产权不明晰是产生外部性问题的主要原因，就代际外部性问题的产生而言，由于后代代理人缺位而造成的产权缺失是其主要原因。传统外部性理论对于外部性问题内部化的探讨，主要是因循庇古税和科斯定理这两种基本思想展开，然而在代际外部性内部化的问题上，由于后代代理人缺位，这两种基本思想都有明显的无效性。

庇古的思想对于解决代际外部性问题的局限性表现在，由于未来代人尚未出生或尚不具备独立的行为能力，环境问题中所涉及的产权的未来代代理人是缺失的。以代际负外部性为例，由于施害者、受害者处于不同的时空，政府对代际市场失灵问题的矫正存在着很大的局限性，如果政府和施害者存在于同一时期，则政府没有激励为未来代的受害者进行环境损害的评估，即使政府有愿望进行损害评估，来自当期的污染获利集团的抵触和规制俘获也将使政府对施害人的征税面临巨大的压力。如果政府与受害者处于同一时期，则对前代的施害人或污染者进行征税是不现实的。因此，庇古税和补贴对于代际的外部性问题的解决是几乎无能为力的。

同样，由于后代人代理人缺位而造成的产权缺失，使得强调以市场途径解决外部性问题的科斯定理，对于代际外部性内部化也几乎是无效的。科斯定理实际上暗含了这样的观点，外部性问题并不一会导致市场失灵，只要产权界定清晰，交易双方之间的自由协商并达成契约的过程，会使所有相关的外部性趋于消失。具体到代际外部性的解决，即使人们可以在当代与未来代之间实现产权的清晰界定，但由于未来代人尚未出生或尚不具备谈判和选择的能力，产权要在当代人和后代人之间进行交易是难以实现的，因而，代际间的产权合约因而也是没有约束力的。

4.1.3.2 关于代际外部性的内部化的讨论

外部性问题的存在导致了难以避免的非最优的资源配置，因此，对外部性问题讨论的最终目的和意义在于实现外部性的内部化。代际外部性问题的应对将研究视野扩展至多代利益范畴，代际间外部性的内部化是代际外部性问题讨论的落脚点。

阿罗等学者（Arrow et al.，1995）分析了国民经济增长与环境质量之间的经验性的关系。他们指出，根据传统的空气和水污染所总结出的历史性经验表明，经济增长与环境二者关系呈现出倒U型关系，继而指出了倒U型关系理论的局限性。伊文（Irving，1995）对此提出了质疑，他指出，新形式的污染对传统的分析方法提出了挑战。新一级的污染与传统的污染方式有非常不同的特征，这些新的污染包括在大气层上部使臭氧耗竭的物质、在大气层较低部分存在的扩大自然温室效应的气体、以某种固定形式存在的放射性的或有毒的废弃物等。由于新污染物的不一般的特征，传统的将外部性所带来的环境成本内部化的方法已经不适用。这些污染物具有很长的存在时间，影响全球环境，可能将持续性地破坏生态系统的自我恢复能力和全世界的承受能力。环境损害的造成，不是由于某一件单独的事情或事件，而是一个由于持续污染而长期累积的过程。人们几乎不可能在某一特殊损害事故和最初引起污染发生的经济活动之间建立起直接的因果联系。另外，污染者也很难确认或界定他们活动的受害者，因此，如果没有政策干预，就不可能把可以预计的对未来代人的损害纳入市场转移交易机制，倒U型的关系不可能自发发生。

雷耶和米歇尔（Reyer and Michiel，2001）研究了代际自然资源配置的可持续性，基于只有一种有价值的可耗竭资源经济体，且该经济的稳定状态形成了一个连续路径依赖的假设。他们比较了三种政策情景。第一种，“零开采”政策，即强迫保存资源以防止环境退化，这样的政策虽然可能有利于阻止代际福利水平的降低，但更加可能严重损害代际效率。第二种，“家长制”政策，即赋予当代人所有资源的所有权和使用权，这一政策虽然保证了效率，但是很显然，不仅不能阻止，反而会加速从一代到下一代人在生命周期内可获得的效用福利水平持续性下降。第三种，“信托基金”政策，即未来代人具有自然资源的拥有权，这一政策是较为有效的，可以保证效率并且保护到所有代人的福利。由此得出结论，要把动态效率与可持续性联系起来，需要建立一个可以让收入在代际间重新配置的转移机制或是转账机构。

由上述学者对代际外部性内涵和特征的相关结论可以看出，代际外部性问题的讨论，其主要目的也是要探讨科学处理人类代际行为相互影响的可行途径，尤其是要尽可能多地消除前代对后代、当代对后代的不利影响。

4.2 规制与环境规制在本书中内涵的界定

4.2.1 规制的概念

“规制”的提法最早见于日本经济学家植草益所著《微观规制经济学》，根据该书译者朱绍文先生的解释，日本经济学家将英语中的“regulation”或“regulatory constraint”译成“规制”，强调的是按照规则进行管制和制约。植草益（1992）对规制的定义为，“依据一定的规则对构成特定社会的个人和构成特定经济的经济主体的活动进行限制的行为”，并且将规制主体分为私人和社会公共机构两种形式。由私人进行的规制，譬如父母约束子女的行为可以称之为“私人规制”；由社会公共机构进行的规制，称为“公的规制”，他在《微观规制经济学》一书中主要研究了“公的规制”，即，由社会公共机构，包括司法机关、行政机关以及立法机关对私人以及经济主体特别是企业行为进行的规制。

政府规制按其职能划分，主要分为经济性规制和社会性规制。经济性规制是指存在自然垄断和存在信息偏在的领域，主要为了防止资源配置低效率和确保利用者的公平利用，政府机关用法律权限，通过许可证和认可等手段，对企业的进入和退出、价格、服务的数量和质量、投资财务会计等有关行为加以限制。经济性规制的研究对象主要包括价格规制，以及如何退出市场规制、质量规制、产量规制等。社会性规制是指以保障劳动者和消费者的安全、健康、卫生、环境保护、防止灾害为目的，对产品和服务的质量以及随之而产生的各种活动制定一定标准，并禁止、限制特定行为的规制。社会性规制偏重于处理行为主体的活动可能给消费者、生产者和社会带来的不健康或不安全问题。

4.2.2 环境规制

环境规制属于社会性规制的范畴，目前尚未有统一的定义，但学术界对环境规制的定义主要都是从政府对环境污染外部性问题的纠正来对其进行定义。赵红（2006）指出，环境规制作为社会规制的一项重要内容，指由于环境污染具有外部不经济性，政府通过制定相应政策与措施对厂商等的经济活动进行调节以达到保持环境和经济发展相协调的目标，具体包括工业污染防治和城市环境保护。李红利（2008）对环境规制的定义为，以环境保护为目的而制定实施的各项政策与措施的综合，它包括各种环境政策、环境法律法规，以及与环境相关的各种规章制度等具体内容，是政府社会性规制中的一项重要内容。杜小伟（2009）指出环境规制是指因环境污染的负外部性特征，政府通过制定相应的政策和措施，来保护资源、防止公害，从而达到保护环境的目的。赵玉民（2009）对环境规制的定义为，环境规制是以环境保护为目的、个体或组织为对象、有形制度或无形意识行为存在形式的一种约束性力量。

环境规制的目标是保护和改善生活环境与生态环境，防治污染和其他公害，保障人体健康，促进社会主义现代化建设的发展。通过实施环境规制政策可以改变经济个体的经济行为，从而达到保护环境提高经济增长质量的目的（刘传明等，2021）。环境规制的具体的领域一般包括大气污染、水污染河流污染、饮用水安全、有毒物质的使用如杀虫剂、有害废物处理、噪声污染等对人类健康和生态系统有不利影响的领域。对上述领域，规制机构可以采取的政策工具大致可分为三类：第一类是标准规制，主要是指对排放物的数量限制与质量限制（制定排放标准）；第二类是收费规制，主要包括对可能产生污染的投入品征税、对减少污染给予补贴、预付金返还、征收排污费、对使用者收费等政策手段；第三类是许可证规制，主要有可交易的“排放许可证”制度和可交易的“投入品许可证”制度。

目前学术界对环境规制的分类，主要有以下几种：第一，根据政府行为的不同，将环境规制分为命令－控制型、经济激励型和商业－政府合作型（彭海珍、任荣明，2003）。第二，根据适用范围的不同，将环境规制分为出口国环境规制、进口国环境规制和多边环境规制（张弛、任剑婷，2005）。第三，根据规制的模式不同，将环境规制分为正式环境规制和非正式环境规制，而根据对经济主体排污行为约束的不同，正式环境规制又分为命令控制型环境规制和以市场为基础的激励型环境规制（张嫚，2006）。第四，根据存在形态是有形制度还是无形意识，将环境规制分为显性的环境规制和隐性的环境规制。显性环境规制指的是以环保为目标、个人和组织为规制对象、各种有形的法律、规定、协议等为存在形式的一种约束性力量，是政府对环境问题直接或间接的干预行为。隐性环境规制指的是内在于个体的、无形的环保思想、环保观念、环保意识、环保态度和环保认知等，典型特征是存在形式的无形性，看不见、摸不着，但作用却无处不在、无时不有（赵玉民、朱方明、贺立龙，2009）。

本书中，环境规制是指国家和政府通过制定法律制度和行政政策来限制环境污染行为和改善环境质量的过程，主要指政府环境规制机构为了维护公众的环境权，对企业环境污染行为的管理和监督。

4.3 环境规制的公共品属性

4.3.1 规制的公共品属性

规制和公共品在本质上有着密切的相关性，二者的理论渊源可以追溯到大卫·休谟（Hume，1739）对政府起源问题的论述。早在1739年，休谟就在《人性论》一书中讨论了超越个人利益的公共性的事务的处理问题。休谟认为，人类是被利益所支配的，但是，人类只有在遵守普遍的规则、在维护社会正义的前提下，才能实现私人的利益。然而个人利益与普遍的利益并不是天然一致的，由于人性的弱点，比如注重眼前利益，或过分看重自己的利益，往往会做出破坏公道的事情。这样，相互影响的人们最终会陷入越来越严重的对公道的破坏中。由于人们自利的天性，某些对每个人都有益的事情，却不能由个人来完成，而只能依靠国家或官员，通过集体行动来完成。在休谟对于这种超越个人利益的公共事务需由政府供给的论述中，我们可以看出，政府对个人在逐利过程中，破坏公道行为的约束，既是一种超越私人产品（private goods）范围的“集体消费品”（collective consumption goods），也是一种强制性的规则。对于由大家共同消费的物品单纯依靠个人无法达到公共利益的最大化，只有通过政府才能解决这一问题，因为政府不仅可以保护人们实行他们所缔结的协议，而且还可以促使人们订立协议，并强制人们促进某种公共利益。

从最一般的意义上说，制度（institutions）可以被看作社会中个人遵循的一套行为准则（林毅夫，1994）。“制度安排一旦被创始就会成为公共货品”。规制属于制度形态的公共品，它是以条文的形式存在，但却是以其中的意义起决定作用的公共产品。人们消费的不是文字，而是文字里的规定。因此可以说，规制是一种无形的却有较强约束力的公共产品。

一方面，规制具有一般性公共品通常所具有的非排他性和非竞争性特征。提供规制的成本是一定的，享用的人越多，成本就越低，一个经济个体遵守规制，不妨碍、不排除另一个个体遵守它，被规制者遵守规制的效益，将扩散到与其相关的所有社会群体。

另一方面，规制也与一般性公共品有所区别，它本身还具有非拒绝性、强制性约束的特征。制度对个人来说，只有遵守，而不受喜好决定。具有非拒绝性，一旦拒绝会产生负的外部性，也就是说，享用的人越多，成本就越低。一个人遵守制度，不妨碍、不排除另一个人遵守它，但一个人不遵守制度，却妨碍另一人遵守它，导致规制的无效。与一般性的公共产品不同，规制直接表现为对经济个体尤其是企业的种种强制性约束而不是满足。例如，对企业使用环境行为的种种限制。由于经济个体的有限理性和环境的不确定性，必须依靠政府提供“规制”这种具有强制性约束的特殊公共品，以保障公共利益的实现。

综上所述，规制是一种非常典型的公共产品，具有非竞争性和非排他性以及非拒绝性或强制性约束力，与一般公共品的供给是通过公共选择进行的一样，规制的供给也是公共选择的结果。

4. 3. 2　环境规制的一般公共品属性

基于上述对规制的公共品属性的界定，本书认为，环境规制是政府为纠正企业的环境污染行为而提供的一种环境治理和保护的制度安排，是社会性规制的一种，因此它也具有公共品的属性。

4. 3. 2. 1　环境规制可以理解为，为抵消或减少环境污染这种“公共劣品”而提供的相应的“公共益品”

现实中，环境问题的产生常源于微观经济活动的负外部性，即经济主体以污染的方式对社会大量地施加外在成本，在没有“价格”为污染行为的消减提供恰当激励时，必然对环境容量形成过度需求（鲍莫尔等，2003）。环境企业的排污行为是著名的“公地悲剧”理论的真实写照。每个企业的收益取决于它所生产的产品数量，并且过度排污所造成的损失由社会上所有公众共同承担，在这种情况下，一个企业增加一个单位的排污生产，将废物排到公共环境中，那么他所得到的全部直接利益实际上要减去由于公共环境负担多一单位的污染所造成的社会公共利益的损失。但是作为单个企业并不会感到这种损失，因为这一项负担被社会上的每一个经济个体分担了。由此企业将受到增加排污的鼓励，而社会上的所有企业也这样做。这样，自然环境就由于过度排污、缺乏保护等原因而遭到毁灭性的破坏，“公地悲剧”不可避免地发生。“公地悲剧”理论的本意在于说明由于对环境这种公共资源的使用通常具有明显的非排他性和非竞争性，在没有制度的规范和约束下，有限的公共资源与无限的个人欲望之间的冲突，必然会产生资源滥用和环境破坏问题。同时，我们也可以从另一个侧面看出，环境的可持续利用，需要规范的制度约束，体现在本研究中，就是政府对企业的过度排污行为提供相应的制度约束，也就是说环境规制的有效供给可以通过控制企业的逐利行为而控制环境污染的源头，以保障经济社会的可持续发展。

4. 3. 2. 2　公众对环境规制的“消费”具有非排他性和非竞争性特征

环境规制有效实行的收益范围是公共的，环境质量维护和提升所产生的效益是社会性的，对于环境规制的需求者而言，他们对于环境规制所产生效益的“消费”是非排他性和非竞争性的。

威廉姆森认为，当对制度的需求增加，制度供给的收益能够抵消制度供给的成本时，制度就可能产生。可见，制度虽然是对个人行为的一定约束，但是制度正是为了避免人的有限理性做出对大家不利的行为，制度的建立可以有效地抑制这种集体悲剧的出现。制度的这种作用结果是可以非排他地为每一个人所利用。具体到环境规制领域，有效的环境规制供给可以防止企业对环境资源恶性竞争和过度排污的“公地悲剧”的发生，其作用结果也同样是非排他地为每一个人所享用。

4.3.2.3 环境规制的供给具有强制性约束力

每个经济人生而有之追求自我利益的机会主义倾向使得在面临不确定的环境时，经济主体之间的合作难以顺利进行。为了降低这种不确定性，政府有必要提供具有强制性约束力的环境规制。在此过程中将不可避免地影响企业的环境治理、环保投资以及环境信息披露行为（李强、冯波，2015）。政府环境规制政策的形成是一个公共选择的过程，而环境规制政策一旦出台，无论是运用行政命令控制工具，还是运用市场激励手段，对于企业而言，只有遵守，而不受喜好决定。已有相关研究表明，环境规制对改善环境质量具有积极作用，政府通过强有力的环境规制，能够要求企业承担更多环境责任（Kolstad，1996）。

通常政府实施环境规制的政策手段大致可以分为两类：命令－控制型的环境规制政策和环境－经济政策手段。

命令－控制型的环境规制政策是指政府通过法律或行政命令来规定企业的排污标准和技术，以达到直接控制污染的目的。如政府对达不到排污标准的企业强行关闭或拆迁，这种政策对控制污染、保护环境质量起到了一定作用；但是，它对不同污染源实施统一的排污标准，企业没有选择的权利，只能被动地遵守政府制定的标准，否则就要接受行政上和法律上的惩罚。较为常见的直接控制手段有环境影响评价、排污许可证、总量控制等。

环境－经济政策手段主要是指基于市场的激励性环境规制政策，它主要依靠市场机制，运用价格、税收、收费、信贷等市场信号来引导企业的环境行为，从而达到对环境资源的有效管理。常见的环境经济政策手段有排污收费、环境税、排污权交易等。环境规制供给的强制性约束力主要体现在对排污企业的作用上。

4.4 环境规制是向前的代际公共品

环境规制是政府为纠正企业的环境污染行为而提供的一种环境治理和保护的制度安排，是社会性规制的一种，因此它也具有公共品的属性。环境规制可以理解为，为抵消或减少环境污染这种“公共劣品”而提供的相应的“公共益品”。

本书在前面已经提到，环境规制的领域一般包括大气污染、水污染（河流污染、饮用水安全）、有毒物质的使用（如杀虫剂）、有害废物处理、噪声污染等对人类健康和生态系统有不利影响的领域。在这些具体领域中，除了噪声污染时即时产生的环境问题，其他所有领域的环境污染都涉及了污染物或有毒物质的累积问题。这些环境问题的产生，不仅对当代人所赖以生存的环境产生了恶劣影响，而且随着时间的推移，也会对未来代人的生存环境和利益产生负面影响，因此环境污染问题的解决很大程度上是一个跨代际的问题，相应的环境规制的供给也是一个关系当代人与后代人利益的跨代际问题。

科学的环境规制政策制定和执行是符合公众利益的。从代际维度看，有效的环境规制供给不仅是作为一般性的公共品对当代人产生正的环境效益和社会效益，而且也作为一种代际公共益品，其受益者范围同样覆盖到未来若干代人。

环境规制的代际公共益品属性，主要体现在它所产生的正的代际外部性：

在经济学中，外部性理论是用来解释环境问题成因的基本理论。以马歇尔和庇古为代表的福利经济学派认为，外部性产生的原因在于私人成本与社会成本的背离，成本与收益的不对称是外部性问题的根本。环境规制问题在很大程度上应该被理解为具有一个相当广泛的收益（对于一般社会公众来说）和一个相当集中的成本（对于污染者来讲）（Lee，1991），而从时间维度看，有效的环境规制一旦被提供，环境质量的改善对于当代人和后代人都是非排他性和非竞争性的，其收益范围涉及一代以上的社会公众，对于一些治理“时滞性”明显的环境污染问题的控制，后代人的收益甚至超过了当代人的收益水平，而环境规制成本的负担却仍然是集中于当代的政府和污染企业，正所谓“功在当代，利在千秋”，环境规制的成本与收益是跨时期的，它反映了代际的私人成本与社会成本的背离。

首先，环境规制的收益是代际范围的。假设当代人的效用水平取决于两个向量：对社会物品包括产品和服务的消费，也包括对自然环境的消费。用 U_t 表示当代人的效用函数。

$$U_t = U(C_t,\ Q_t,\ iQ_{t-1}) \tag{4-1}$$

其中，t 表示时间，C_t 表示当代人的产品和服务的消费水平，i 表示折旧率或贬值率，向量 Q 为当代人对环境质量的消费水平，Q_t 表示当代人对环境质量的消费，iQ_{t-1}表示前一代人对环境的使用和保护行为对环境质量的影响。Q_{t-1}可能为正值也可能为负值，依据前一代人对环境采取保护的力度而定：如果在前一代的企业无视环境的保护和未来代人的利益而过度排污，造成环境的严重损害，那么 Q_{t-1}为负；如果前一代的政府对企业实施了有效的环境规制，规范和约束了企业的盲目排污行为，对环境质量起到了维护和提升的作用，那么 Q_{t-1}为正。这一关系又一次体现了环境规制这种“公共益品”对于环境污染这种“公共劣品”的抵消作用，在这个表达式中，时间性变量的引入，体现了当代人环境规制供给水平的选择对未来代人效用水平的影响。

其次，环境规制的成本主要集中在当代的社会成员（包括政府、企业和居民），尤其是当代的企业。式（4-1）中的前一代环境供给质量 Q_{t-1}，它的供给函数为：

$$Q_{t-1} = Q(q_{t-1},\ g_{t-1},\ w_{t-1}) \tag{4-2}$$

其中，q_{t-1}表示当期企业的遵守环境规制的服从成本，g_{t-1}表示当期政府制定和实行环境的执行成本，w_{t-1}表示当期公众对于企业遵守环境规制、政府执行环境规制的监督成本。因此，从代际维度看，环境规制的供给成本主要分担于当代的政府、企业和公众之间。

由此可见，由于环境规制的成本与收益在代际间的不对称，环境规制的正代际外部性的产生不可避免。已有的关于公共品供给的理论指出，具有正的外部性的产品，会出现供给不足，而对于负的外部性的产品，会出现供给过剩。因此，对于环境规制这种具有正的代际外部性的“代际公共益品”，由于私人收益低于社会收益，也很难对理性的当代经济人包括政府部门、企业和公众产生供给激励，往往出现供给不足的趋势。

4.5 环境规制与环境污染的辩证关系

作为代际公共益品的环境规制与作为代际公共劣品的环境污染，二者的关系是对立统一的。

4.5.1 二者的边界问题

从成本－收益的角度看，作为代际公共益品的环境规制与作为代际公共劣品的环境污染，二者有着明显的区分边界，环境规制的成本主要由是当代人负担，收益范围在当代也在后代，尤其对于大型环境规制项目的投入，其受益者主要是后代。而环境污染恰好相反，它的主要成本由当代人转移到后代人承担，当代人提前消费了后代人的利益。

从成本－收益的角度看，环境规制的当代私人成本高于环境污染的私人成本，当代的私人收益小于环境污染所取得的私人收益。

从消费者主权的角度看，环境规制与环境污染只是一个相对的概念，对于经济个体而言，由于需求与偏好的不同，对于“益”与“害”的评价也不同。例如，随着经济发展水平的提高和人们物质文化生活的丰富，人们自然会对环境质量这种消费品有更高的要求，因此，在他们的评价体系中，环境规制是“益品”，而环境污染是“劣品”。

相反，对于经济欠发达地区，环境资源极度丰富而经济发展水平相对落后的地区，人们更渴望通过经济的发展获得除了环境之外的其他消费品的满足，因而，在一定时期内，不仅不会把由于经济发展带来的环境污染评价为“劣品”，而且甚至可能对较为严格的环境规制产生抵触。

从环境规制本身所产生效果的角度看，环境规制主要是针对企业的污染行为进行的规制，因此在环境规制政策制定和执行的过程中也必须考虑到经济与环境协调发展的关系问题。我们不可能牺牲环境发展经济，但也不可能完全停滞经济发展来治理环境。过于严格或不适应具体经济发展情况的环境规制，它给社会造成的损失可能会远大于所带来的收益，在这种情况下，环境规制就是一种公共劣品。同时，考虑到后代人缺位造成的后代人需求的难以确定，以及代际公共品所具有的代际外部性不确定的特征，当代人所制定的环境规制政策，主要是从当代亟须解决的问题出发，环境规制决策和执行不一定完全符合后代的人利益，也可能发生有损代际公平的问题，在这种情况下，环境规制就是一种代际公共劣品。

4.5.2 二者此消彼长的关系

作为代际公共益品的环境规制与作为代际公共劣品的环境污染，二者之间有着明显的此消彼长的关系（见图 4－1）。环境规制的直接目标就是减少或阻止环境污染的产生，因此，环境规制的有效执行就必然造成污染的减少，此时代际公共益品的供给增加导致了代际公共劣品的供给减少。相反，由于被规制者非法操作或对规制者的俘获等因素而造成的环境规制的执行无效，环境污染不变或增加，此时代际公共益品的供给减小而导致了代际公共劣品的供给增加。

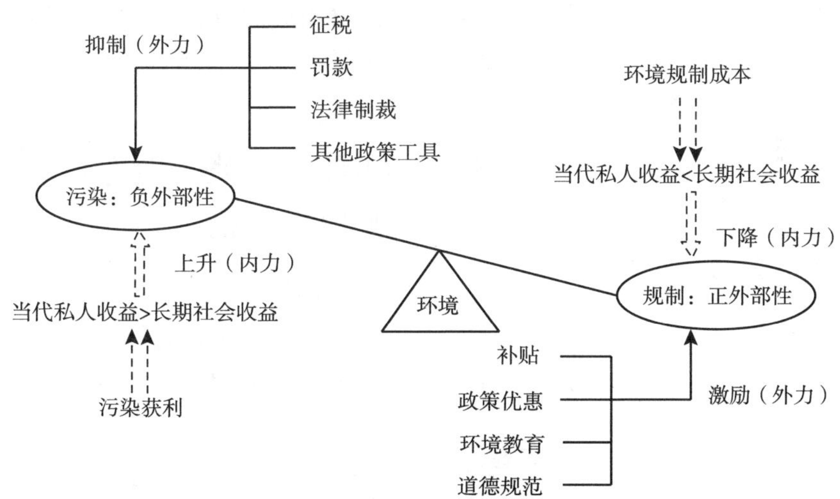

图 4－1　环境规制与环境污染的关系

| 第5章 |

地方环境规制中相关利益主体及其策略行为

由于环境规制本身存在着显著的成本和收益的代际溢出，地方层面的三方利益主体（政府、企业和公众）在供给过程中将根据自身面临的激励和约束条件做出相应的策略选择，直接影响了地方政府环境规制的代内和代际效果。

5.1 已有文献关于地方环境规制的讨论

5.1.1 国外相关研究

在环境规制研究的初期阶段，主要建立在“以社会福利最大化为目标的中央政府”的假设基础上，运用成本－收益方法对中央政府各种环境政策工具进行评估和比较。20 世纪 90 年代初以来，伴随着财政分权理论和政府规制理论的不断成熟，地方政府作为环境规制过程中的重要组成，开始进入环境规制经济学者们的研究视野。

财政分权理论的基本假说，是公共品的供给责任应置于最低层级的、能够覆盖其成本与收益的政府。哈耶克（Hayek，1945）强调地方政府能够更好地掌握本地的信息，因而能够比中央政府提供更为符合本地偏好的公共物品。蒂布特（Tiebout，1956）则引入地方政府辖区间的竞争模型，指出居民可以通过“用脚投票”的方式，选择那些能够提供符合其偏好的公共品的地区，从而推动地方政府间围绕税基而展开的竞争，以实现有效率的公共品供给。在此基础上，马斯格雷夫（Musgrave，1959）和奥茨（Oates，1972）建立了财政联邦主义模型，强调各级政府税收和开支的分配对提高生活福利的重要性。上述财政理论的不断发展，促使环境规制研究者们逐渐转向关注环境决策的层级政府性质，以及地方政府之间的竞争如何影响环境规制政策和环境责任的配置等问题的理论探讨。

奥茨和斯凯沃布（Oates and Schwab，1988）设计了一个模型来模拟地方行政辖区为了争取资本而采用税收和环境政策工具进行竞争的情景。在他们的模型中，生产函数采用新古典的方式，某辖区通过相应的资本 - 劳动比的增加提高工资水平而得到资本存量的增加。资本收税偏低或者为负（补贴）与污染排放的许可水平（或排污费）是地方政府官员采用的两种政策工具。地方政府可以通过增加排污许可量或降低排污费，提高资本的边际产出，进而鼓励资本的进一步流入。该模型涉及“工资收入与税收”与“工资收入和本地环境质量”这两方面变量的权衡。通过分析得出结论：“在同质工人或居民大数选择的情况下，地方政府将选择两大政策的社会最优水平。资本税率设在零水平，环境质量水平设在对更洁净环境的支付意愿等于边际削减成本上。该分析因而支持了环境联邦主义分权决策在模型中是具有效率的。”

该结论虽然在一定意义上符合现实情况，但仍面对诸多“不完善”。较为典型的质疑就是“污染避难所假说”（pollution heaven hypothesis，PHH）。该假说认为，污染密集型企业倾向于从环境规制较为严格的地区向环境规制相对宽松地区迁移，使后者成为“污染避难所”。与此假说相应的理论是，为增强本土企业竞争力、吸引外来投资，地方政府有激励在环境规制过程中采取策略性行为，其结果可能出现“竞争到底”（race to the bottom）（George，1967）的局面。这种观点被拓展到环境规制的领域，即是指如果地方政府是类似尼斯坎南式的官僚机构，即倾向于追求自身利益最大化，那么，在与其他地方政府竞争资本与要素的过程中，将会倾向于选择较为松懈的环境政策，以牺牲环境质量为代价，吸引企业投资，扩大本地税基和财政收入，其结果将是环境的次优规制甚至是零规制，尤其体现在环境标准和税收上，最终将会导致所有区域环境状况的恶化。类似的观点还有斯图沃特（Stewart，1977）的论断，他指出，考虑到工业和商业资本的流动性，任何一个国家或地区都可能理性地拒绝单方面采用较高的环境标准，因为较高的环境标准会给当地产业和经济发展带来巨大的成本和障碍，导致向其他环境标准较低地区的流动的资本将抵消甚至超出环境收益。如果每个地方都以这样的推理方式采取行动策略，它们将都采用比它们愿意接受的质量更低的环境标准。如果存在一些有约束力的机制，使他们同时采用较高的环境标准，就可能会消除地方对于上述工业或经济发展损失的担忧。林达伯罗姆（Lindablom，1982）指出地方规制的无效可能源于地方政府间无序的规制竞争。作为对地区内一般公众呼声的反应，地方政府具有干预经济、纠正失灵的激励。然而，在地方竞争的环境下，这种激励在某种程度上被弱化了。

根据林达伯罗姆的观点，市场本身就是一个“监狱”，它约束了公共政策制定者把规制和其他成本施加于生产者的意愿与能力。在地方层次上，政府受到的这种约束以一种无法避免的负效应出现，如规制促成了资本外流。因此，地方政府在进行规制的同时又存在着放松规制的激励。雷乌兹（Revesz，1992）指出，或许为联邦一级的规制最为广泛接受的理由，就是它阻止了地方通过提供过于宽松的污染标准而进行的工业竞争。美国的清洁空气法案很大程度上就是为应对全国性的竞争到底局面而设定的。昆士和沙格伦（Kunce and Shogren，2007）证明了即使没有地区之间的策略行为，只要假设人口是自由流动的，那么“竞争到底”的可能性仍然存在。

此外，奥茨认为，“竞争到底”的说法实际上没有考虑地方政府竞争导致决策者选择有效的本地产出（包括环境质量）的可能性。由于资本和要素的流入增大了税基，地方政府将可能拥有更多的财力来增加公共品的供给。而且根据蒂布特的观点，地方政府提供的公共品也是吸引地区外要素流入的原因之一。因此，奥茨指出，地方政府竞争一定导致公共品供给减少的逻辑是不完全合理的。

欧盟法的辅助性原则也倾向于地方政府环境规制的有效性。经过多年的发展，欧洲共同体逐渐形成了较为复杂的多层权力体系。1987 年《单一欧洲法令》不仅在许多领域将理事会的决策程序由一致同意变更为特定多数表决，而且使共同体的权能扩展到环境保护、外交协调等一些新的非经济事项。而辅助性原则在共同体权能的积极扩展中功不可没。在“环境保护”这一章，《单一欧洲法令》第一次隐含的规定了辅助性原则，“在与环境有关的领域，只有在共同体比单个成员国能更好地实现目标时，共同体才能采取行动”。欧美法学界认为，辅助性原则是现代联邦制国家依法治国的一项基本法律原则，它的优点主要表现在自决性、灵活性、保持地方身份、保持多样性。辅助性在本质上是决定由哪一层次的权力主体行使权力的方法，它虽然发端于联邦主义政体，但有着更为广阔的适用空间，在存在权能划分问题的多层权力体系中均可适用。通过对辅助性原则批判性的检验，指出地方政府在欧盟环境政策中的适当的角色，应该是在政策创新和改善执行方面发挥作用，需要探索系统性地改进地方政府之间在环境政策执行中的关系的可能途径，具体的改革建议包括，扩大欧盟委员会领导的网络，使其更加责任明确和平民化、民主化，包括明确地方政府在未来工作框架中的作用。

5.1.2　国内相关研究

国内现有地方政府环境规制的文献，多集中于对其失效的原因和对策分析，根据研究的视角不同，又可以大致分为四类。

5.1.2.1　基于不完全信息或信息不对称研究视角的地方政府环境规制

丁美东（2001）关注了出于信息不对称产生的寻租行为合谋，进而导致政府规制低效率的问题。他假定政府作为规制者是公众的代理人，由于规制者长期对规制对象的监控从而积累并形成了专业知识，这种专业知识与公众仅具有的一般知识构成鲜明的信息不对称结构，规制制度建设松散的条件下很容易导致规制者与被规制对象的合谋行为。

张玉霞、郝克宁（2005）以淮河流域水污染治理为例分析了中国环境规制失效问题。他们指出信息成本过高、环境规制工具缺乏弹性、法律法规不健全和地方政府发展观念片面等因素是造成中国环境规制失效的主要原因。

黄民礼（2008）从主体行为（企业、政府、公众）、信息不对称两大方面，剖析并论证了影响中国环境规制的有效性的因素及其相互作用。他指出，就我国环境规制而言，社会性规制的缺位问题不是很突出，主要原因在于主要规制者（中央政府）因信息不对称等因素而造成政策制定、规制工具和途径选择、规制执行等方面的失效或低效率。在我国现行环境规制体制下，中央政府不仅是公众的代理人，还是规制机构或规制执行单位（如地方政府）的委托人。他们之间也存在非常高的信息不对称情况。正是由于信息不对称，使得规制机构容易与规制对象如企业产生合谋，同时，规制机构和企业都存在较大的机会主义行为空间。

沈洪涛等（2010）指出，在实践中，中国上市公司在环境信息披露方面存在较为明显的重数量、轻质量的情况，很少有公司披露全部环境信息，主要披露正面的和难以验证的描述性信息，而对可能有负面影响的资源耗费以及污染物排放等重要信息则披露较少。

一般而言，当环境规制强度较低时，企业的环境信息披露遵守成本低于环境规制所带来的禀赋收益，此时环境规制能促进企业主动地披露环境信息。但是随着环境规制强度的不断提升，企业遵守环境规制所付出的成本也随之增加，当环境遵守成本超越环境规制所带来的收益时，企业就会缺乏遵守环境规制的意愿，而宁可选择违规接受惩罚，减少环保投入和降低环境信息透明度。因此，环境规制与环境信息披露质量之间可能存在非线性关系。

5.1.2.2 基于公共选择研究视角的地方政府环境规制

胡税根、黄天柱（2004）从中国正处于转型期角度出发，将政府规制失灵与政府转型联系起来，认为政府行为目标与公共利益目标差异、不完全信息、政府的自由裁量权及相伴而生的寻租是当时我国规制失灵的主要原因。

王学军、胡小武（2005）从公共政策的角度对政府规制失灵的主要原因进行了分析。他们认为存在政策制定失灵和规制执行失灵，具体表现为利益集团侵蚀公共利益、公共问题诊断错误、规制表述不清、规制政策过时、规制腐败、规制通路不畅、规制收益得不偿失以及规制再分配偏差等。傅京燕（2006）认为，环境恶化的主要经济动因是市场失灵和政府干预失效，而政府干预失效主要表现在规制政策不能纠正甚至加剧市场失灵。

燕兴胜（2007）等进行了地方政府在环境污染上规制失效的经济分析，指出目前我国主要通过政府行政管理的手段治理环境污染，但由于地方政府和污染企业之间存在着密切的经济联系，政府的环境政策一般无法取得预期效果。采取建立直属于中央的环保机构、改革政绩考核体系、引入第三方约束机制等措施，是从根本上解决环境污染问题的有效途径。

李郁芳、李项峰（2007）在公共选择理论的基础上对地方政府环境规制的外部性进行了分析，指出地方层面环境规制的外部性既表现为不同利益群体之间的财富转移，又体现在成本或收益的区间和代际溢出上，在一种资源竞争的环境下，地方政府之间策略行为通常意味着环境规制的次优水平，因此在地方层次上，单边环境规制政策通常不能达到一个合意的结果。

周杰琦、刘生龙（2021）基于技能溢价视角考察了环境管制对雾霾污染的作用机制与治理效果，结论指出，为实现局部与短期利益，地方政府在雾霾治理上不仅缺乏协同规制，还存在“搭便车”行为，因此全局雾霾治理效率有较大提升空间。中央政府应强化对地方政府的环境监管，在改变唯 GDP 的政绩考核体系的基础上，做好全局统筹，打破“以邻为壑”的污染治理条块分割局面，依据总体环境约束和区域特征，因地制宜督促各地优化调整治霾方案，促使其对环境问题形成协同规制。

5.1.2.3 对地方政府环境规制中具体问题的讨论

郭磊（2004）则在区域环境治理相关理论的研究基础上，对区域环境规制工具做了总结，对区域政府监督和理性企业的关系进行了博弈分析，对理性企业参与的影响因素进行了识别。同时，对环境权的不同条件下公众参与生态补偿和排污权交易机制的作用进行分析，从而找到有助于降低政府监督环境行为和理性个体参与环境保护的有效途径。

曾文慧（2005）以我国跨行政区流域污染为研究对象，通过对我国流域污染及其规制效果的经验考察和理论分析来研究越界水污染规制制度的治理效率和变革趋势。研究结论之一是，以污染定价为主要特征的省级政府规制对控制本区域污染具有显著影响，但省级规制存在明显的地区差异。越界外部性是影响地区规制差异的重要因素之一，上游地区存在放松环境规制，搭便车将水污染转移到下游的倾向。

洪树林（2006）等在多代交叠模型中考虑资本生产带来的环境外部性，分析了市场竞争均衡结构下的资本动态学，并且在稳态条件下比较静态分析经济中各因素对经济和环境的影响，认为严厉的环境政策有利于积累更多的资本，且有利于提高环境质量等。另外，政府在征收环境税、内在化环境外部性的同时，还需要征收消费税、一次性转移等内在化代际外部性以实现社会最优配置。

刘研华（2007）通过对我国环境规制改革的介绍和分析，指出影响我国环境规制效果体制方面的原因。在中国自上而下的统一监管与分级分部门规制相结合的体制下，由于人们观念的束缚、信息传递机制的不完善、经济发展水平的制约等，环境规制主管部门的协调能力受限，在地方政府的不当政绩观及过度干预下，环境规制体系的不完善导致环境规制各主体在追求自身利益最大化的过程中，对环境问题监管不到位，最终影响了环境规制的绩效。

肖宏（2008）利用空间滞后模型对我国省际环境规制竞争的实证研究结果表明，省际存在显著的环境规制策略性行为。在我国这样存在很大区域差异的国家里，地方政府之间的环境规制竞争表现为两种情况：发达地区和欠发达地区之间的差异化规制竞争，以及欠发达地区之间的“竞争到底”的模仿型竞争。

易志斌（2009）总结了我国地方政府环境规制失灵的表现形式、产生原因及对策。他指出，地方政府环境规制失灵主要表现在对企业监管力度不够、环境保护不足并且环境资金的监管不到位，认为问题的原因在于中央政府忽视了地方政府的“经济人”理性和地方政府环境规制的外部性。指出要通过构建合理的任期目标责任考核制度、建立环境行政公益诉讼制度、建立健全环保资金监管机制、构建环境规制政策实施效果评估体系、构建区域生态环境保护补偿机制等对策，防止地方政府环境规制失灵。

李和吴（Li & Wu，2017）采用空间杜宾模型，研究我国 273 个城市的地方和民间环境规制及其空间溢出效应对绿色全要素生产率的影响，发现环境规制抑制了企业原有的技术创新。

刘燕、李录堂（2021）以地方政府竞争为视角，梳理了环境规制、地方政府竞争与污染性产业转移之间的理论机制，又利用中国 30 个省份 2000～2018 年的面板数据，实证分析垂直型环境规制对污染性产业转移的影响程度。研究结论表明：环境规制对污染性产业转移产生直接的负面影响，很好地解释了环境规制政策对污染性产业的驱逐现象；地方政府以环境治理目标为竞争方式，环境规制政策明显减少了污染性产业的聚集，起到较好的环境治理效果；环境规制通过地方政府竞争对污染性产业转移的绩效存在明显的地区性差异，东部地区优于中部地区，中部地区优于西部地区，东部地区存在明显的环境规制“逐顶竞争”，而西部地区存在较为明显的环境规制“逐底竞争”。

王芳等（2021）用熵权法构建了我国 30 个省份 2008 ~ 2017 年环境污染综合指数，并运用空间杜宾模型，以研发投入为视角，分析了技术创新对环境污染的影响。其实证检验结论指出我国各省份的环境污染之间存在显著的空间相关性，本地区环境质量受其他地区环境污染排放的影响；加大研发投入不仅能显著抑制环境污染，并且由此带来的技术创新所伴随的空间知识溢出效应有助于其他地区节能减排技术的进步，从而推动邻近地区环境质量的改善。

5.1.2.4 地方政府环境规制过程中相关利益主体的互动

在地方环境规制机构与企业、居民之间的互动方面，王斌、张英杰、孙志和（2004）针对环境污染治理过程中存在的信息不对称性，建立了政府环保稽查部门和污染企业的两种不完全信息动态模型，给出了各自的子博弈精炼贝叶斯纳什均衡，提出了为杜绝治污过程中存在的欺骗行为，政府及环保部门应采取的对策。蒙肖莲、杜宽旗、蔡淑琴（2005）提出一种将环境政策问题分析建立为一种博弈模型的数理方法，把对环境污染管理看作企业对政府相应政策的博弈，从而可以帮助决策制定者有效处理环境问题。贾引狮、骆鑫（2005）从法律经济学的视角，对环境规制的主体—规制者与被规制者、被规制者之间以及公众之间的博弈作了全面分析，从而得出必须在法律制度上进行创新并结合市场机制改变博弈一方的收益，使博弈达到新的内在均衡，提高西部环境保护效率的结论。王亚娟、刘小鹏、常虹（2004）以宁夏西海固地区为例对环境规制中政府、企业以及公众彼此之间的互动进行了全面地分析。陈富良（2005）则从另外一个角度——机制设计角度进行了分析，主要讨论环境规制者如何通过机制设计实现与被规制者之间的信息交流，从而将激励性规制理论引入了环境规制，但是他的研究是在代理人无限承诺的前提下进行的，这对存在很大道德风险的企业来说具有很强的现实不适合性。王永钦、孟大文（2006）则以代理人有限承诺为前提，研究了在非对称信息下委托人该如何设计契约，使代理人按照其意愿行事，在既定的信息结构下实现资源配置的“次优”。在作为代理人的污染企业逆向选择和代理人有限承诺并存的情形下，分析了作为委托人的政府该如何对其进行最有效的规制的问题。逯东等（2013）指出政企关系的实质是行政力量和市场力量的博弈，主要包括产权和高管的政治关联这两个层面，在政府主导经济发展的转型背景下，政策风险可以通过构建政治关联来规避。在此结论的基础上，李强、冯波（2015）指出政府和企业间的政治关联作为企业的一项重要资源，有可能影响到环境规制政策的执行效果。夏凉（2021）基于2008～2019年我国30个省份的面板数据，采用系统GMM模型实证检验了环境规制、财政分权对绿色全要素生产率（GTFP）的作用机理。结果显示：命令控制型环境规制不利于绿色全要素生产率的提升，而市场激励型和群众参与型环境规制对绿色全要素生产率具有积极的促进作用。在财政分权的调节作用下，不仅三种环境规制工具对绿色全要素生产率的影响存在显著差异，而且东部地区和中西部地区环境规制的影响效应也存在异质性。吕志科，鲁珍（2021）利用2011～2015年我国省际面板数据，通过主成分分析法构造区域环境污染指标以衡量区域环境治理绩效，进而建立面板数据模型，实证分析了三种公众环境参与方式（即投诉信访、献言建策和自媒体舆论）对区域环境治理绩效的直接和间接影响，实证结果表明，我国公众环境参与对提升区域环境治理绩效有一定的积极作用，自媒体舆论对区域环境治理绩效的直接影响最大。同时，我国公众主要是通过参与并监督政府环境行政规制提升区域环境治理绩效，在参与地方政府环境法律政策的制定和实施，以及驱动地方政府环保资金投入方面尚有不足，建议通过创建公众环境参与政法平台，健全公众环境参与自媒体方式，增加环境治理的环保投资等途径提升区域环境治理绩效。

在被规制的排污企业的互动方面，王汝志（2003）应用完全信息静态博弈，讨论了各企业之间发生的直接相互作用，从而找到纳什均衡。

在规制者之间的互动方面，邓加平、王志江（2005）利用博弈纳什均衡模型和纳什讨价还价模型讨论了中央政府和地方政府在环境规制过程中由于目标不一致而产生的博弈行为，并简要提出中央政府对地方政府的政策选择与激励；简春林（2005）对司法部门和环境犯罪行为者之间的惩治—破坏行为机理进行了单阶段和多阶段的博弈模型分析；陈纲（2005）以“公地悲剧”为实例，对两主体之间的纳什均衡问题进行了分析。卢洪友等（2019）指出在多层级政府背景下，中央政府和地方政府在环境规制过程中的角色是不同的。在中国，提升环境规制力度的政策多来自中央政府，而在激烈的地区竞争之下，地方政府主动加强环境规制的动力不足，反而常常以放松环境规制作为吸引投资和拉动经济增长的手段。主要原因在于对于地方政府而言，来自中央政府的外生环境规制力度提升会造成部分不合规企业的消失或迁移以及潜在的投资流失，对地方的经济增长和财政收入造成一定的冲击。

5.1.3 文献述评

对文献的梳理可以看出，国内外学术界对于空间维度的地方政府环境规制问题给予了充分的关注，相关理论研究文献已初具规模。财政分权理论指出应该将公共品供给的责任置于最低层级的、能够覆盖其成本与收益的政府，从而为环境规制的地方政府供给奠定了理论基础。同时，财政分权理论也分别讨论了地方政府环境规制有效率与无效率情况出现的可能和原因，这都为环境经济学研究提供了有价值的参考。

但是基于时间维度研究地方政府环境规制的成果则明显不够成熟，基于空间维度的研究对地方政府环境规制过程中的一些现实问题的解释能力有限。财政分权理论并不能很好地解释地方政府环境规制过程中产生的外部性，尤其是代际外部性的问题。地方政府环境规制的代际外部性是如何产生的，又将如何影响地方政府环境规制的供给与合作，仅仅运用财政分权理论很难做出合理的解释。

同样，由于局限于代内维度的分析，关于地方政府环境规制的影响因素的文献对于其中的很多现实问题也不能做出有效的解释。例如他们虽然提到了相关利益主体的短视倾向对环境规制的影响，但并未深入分析，因为类似这样的问题仅从代内维度是难以充分解释的，它要求我们把研究的视野拓展到时间和代际维度，将时间影响因素和空间的影响因素结合考虑，对现实问题进行解释。

此外，虽然已有文献对于在一定时期内，由于三方相关利益主体的互动所形成的地方政府环境规制的影响因素以及规制后果进行了较为充分的研究，但是可持续发展和代际公平要求我们要从代际维度来看问题，不仅要探讨当代人的行为选择形成了什么样的地方政府环境规制过程和后果，还要关注“这些后果对后代人会有哪些积极作用和消极作用”“当代人的行为是否符合可持续发展的要求”等一系列问题。

现有研究的不足为后来者提供了研究拓展空间，本章将在借鉴国内外现有的研究成果的基础上，围绕地方政府环境规制问题，分别讨论地方政府环境规制过程中三方利益主体在代际维度下行为选择的激励与约束条件。主要围绕两条线索展开：（1）从代际维度分析各个利益主体所作出的行为选择的原因；（2）讨论各相关利益主体的选择对地方政府环境规制的作用及由此造成的代际后果将会怎样。

5.2 地方环境规制中相关利益主体行为的代际影响

地方环境规制中的相关利益主体是指在地方政府环境规制过程中，受其影响或对其施加影响的个人或群体。这些影响可能是现实的，也可能是潜在的；这些个人或群体中既包括当代人，也包括后代人。基于代际公共品供给的视角，当代经济个体，包括地方政府、企业与公众，都是环境规制供给过程中的相关利益主体。

5.2.1 地方政府

5.2.1.1 概念界定

本书所称的地方政府是指除了中央政府或联邦政府以外的所有地域性政府机构，即把州或省一级的政府机构也纳入了地方政府的范畴加以论述。具体到我国的情况，“我国政府层级是中央—省（自治区、直辖市）—市（计划单列市、地级市）—县级市—乡镇的五个层级，中央政府是指国务院，而地方政府是指除国务院以外的所有政府，包括省（自治区、直辖市）、市（计划单列市、地级市）、县级市、乡镇等四个层级”。

但是考虑到本书主要以中国地方政府环境规制的实践作为研究范本，本研究更侧重于以省、市级地方政府为研究主体。

政府规制过程是规制机构的行政过程，包括从政府规制政策形成、规制政策执行到规制政策调整的整个过程。本书研究的地方政府环境规制过程，主要是指地方政府依据本地的具体情况，制定或调整本地区环境质量标准和污染物排放标准，并按照这样一系列标准对本地区企业进行规制的过程。

5.2.1.2 地方环境规制中的政府行为及其代际影响

从中央到地方的垂直环境规制体制主要有两种：一是集权规制模式，即政府尤其是中央政府控制型的、自上而下的规制方式，通常是与计划经济体制相对应；二是分权规制模式，主要强调各规制责任人的广泛参与和自主规制，倾向于自下而上的方式，一般与市场经济体制相对应。从规制成本和长期效果来看，后一种方式颇具优势，因此，地方政府的行为选择对环境规制的现实效果具有至关重要的影响。

我国的环境规制是纵向和横向相结合的双重管理模式，地区环境规制的政策落实主要由各级地方政府负责，各级环境保护的相关行政主管部门承担相应的监督管理职责，本级政府接受上一级和同级环境保护行政主管部门的监督管理。

2005 年 12 月，国务院印发《关于贯彻落实科学发展观加强环境保护的决定》，明确将污染治理绩效作为领导干部选拔任用和奖励惩罚的依据。2007 年 11 月国务院印发《主要污染物总量减排考核办法》，正式推行对地方官员的环保考核问责制和“一票否决”制。

事实证明，地方政府对环境问题的重视会带来环境规制绩效的显著提高。2006 年我国政府便着手开展全国污染源普查工作，并且在 2007 年《国家环境保护“十一五”规划》中明确指出，“主要污染物总量减排的责任主体是地方各级人民政府。各省、自治区、直辖市人民政府要把主要污染物排放总量控制指标层层分解落实到本地区各级人民政府，并将其纳入本地区经济社会发展‘十一五’规划，加强组织领导，落实项目和资金，严格监督管理，确保实现主要污染物减排目标”。2006 年以来先后对二氧化硫、化学需氧量、氮氧化物、氨氮等主要污染物实施排放总量控制制度，推动重大污染防治工程建设，主要污染物排放大幅下降，生态环境质量持续改善。

5.2.2 企业

5.2.2.1 概念界定

企业作为市场主体，以追求利润最大化为宗旨，在环境规制过程中，企业（尤其是排污企业）是地方政府的直接规制对象。造成环境污染的主体主要是重污染企业，它们通常采用偷排、超排等方式追求利润最大化，从而导致我国环境污染日益加剧。相关数据显示，我国约有40%的上市公司存在环境违规行为（韦院英、胡川，2021）。企业的污染物偷排行为具有一定的隐蔽性，不仅对环境造成了严重的破坏，也给政府的监管工作带来了更高的难度（曹光辉等，2005），成为地方环境规制中的工作难点。

同时，企业也是环境规制这一代际公共品的当代供给主体之一，它是否配合地方政府的环境规制将直接决定了环境规制的实际效果，并会对后代人的福利水平产生不可逆的重要影响。在没有环境规制约束的情况下，污染的负外部性使得企业的私人成本转嫁到其他社会成员身上，企业的私人收益超过了社会收益，这将激励作为理性“经济人”的企业的排污行为，很难有企业自发进行对排污行为的限制，因此，企业环境管理通常是政府环境规制的引致行为。

在没有政府干预的自由竞争条件下，企业主要依据价格变动等市场参数进行生产决策。而当政府实行环境规制时，则相当于对被规制企业的资源配置行为增加了外在的限制，企业一旦违反了这些限制，就要受到相应的惩罚。这就迫使企业必须根据规制条例，调整自身的生产决策。在环境规制的过程中，地方政府通过相关标准和要求改变了企业的供给决策，直接影响了市场的资源配置状态。从这个意义上看，在规制过程中，企业的排污行为受到外力的抑制，处于被动地位。

黑特（Hayter，1997）认为，大企业由于具有很强的谈判能力从而能对所在区位施加影响，中小企业则只能接受所在区位环境施加的各种限制和约束。另外，大企业无形资产和品牌价值在企业资产中所占的比例大，因此消费者信任和成熟度、社会价值观等社会资本对其区位选择非常重要。而对于中小企业而言，政府干预形式和具体的政策设计是对其区位决策产生影响的主要制度因素。

5.2.2.2 地方环境规制中的企业行为的代际影响因素

在地方环境规制中，企业通常的应对策略有三种：第一种应对策略是服从地方政府的环境规制；第二种是采取各种方式保护自身利益，如采用各种寻租手段，从立法、司法和执法等相关环节影响地方政府的环境规制，通过利用规制制度的漏洞，变被动为主动，直接影响甚至左右政府的规制政策；第三种是将企业从环境规制相对严格的地区迁移到环境规制相对宽松的地区，以降低由于较高环境标准带来的生产成本增加而造成的利润损失。当然，企业对当地政府环境规制的影响力度的大小，总是与企业自身规模、企业与政府关系的密切程度成正比。与之相关的代际影响因素主要体现在两个方面：

1. 代际责任追溯机制缺失：排污动机强烈

很多环境问题都具有不断累积的特征。随着时间的推移，废弃物和污染存量不断增加，对人类现在和未来的都赖以生存的生态环境系统造成了严重的破坏。无论是环境污染还是环境规制，其作用都不仅仅体现在当期，还不可避免地会影响未来代人的福利水平。由于企业经营者的“经济人”行为动机的存在，造成了其对于企业所应承担的环境责任认识不够。在经济活动中，企业所追求的唯一目标是自身经济利益最大化进而实现股东利润最大化，并不需要承担对于社会的公共责任，因而在实践中，部分企业倾向于片面追求短期经济利润，致使企业在生产经营过程中也会产生严重破坏环境质量的短期行为。在传统的经营理念下，很多企业往往只追逐当前发展优势，采取各种手段，甚至以抗拒履行环境保护责任的方式，来减少企业的当前的生产经营成本，换取利润的增加。

从空间维度考虑，企业环境污染的主要后果有两个。一是对生态环境本身造成破坏，例如对水环境或大气环境的破坏；二是由于生态环境破坏而造成对其他经济个体或是对其他生产者利益的损害，例如对污染源附近居民身体造成的伤害和对居住质量的负面影响。对于前者，由政府代替社会，行使对环境产品的公有产权，因此有权力要求污染者修复生态环境，或者支付相应的罚款；对于后者，由于利害双方是对等的民事主体，因此可通过司法诉讼的途径来加以处理和解决。

从时间维度考虑，新形式的工业污染对传统的分析和解决方法提出了挑战。这些新的污染包括在大气层上部使臭氧耗竭的物质、在大气层较低部分存在的扩大自然温室效应的气体、以某种固定形式存在的放射性的或有毒的废弃物等。这些污染物具有很长的存在时间，可能将持续性地破坏生态系统的自我恢复能力和环境的承受能力。这些污染物产生的损害和破坏，不仅仅在于污染的源头那一个点，更多的是跨区域和跨时期的。

“谁污染，谁付费”“谁污染，谁治理”，即可以通过现有的市场机制使污染者能够为其所造成的目前可见的损失进行补偿。这些补偿，可以在一定程度上，使排污企业增加他们对环境质量维护的支出。相反，很难在代际为这种损害构建一种直接的反馈或补偿机制。因为环境利益损害的造成，不是由于某一件单独的事情或事件，而是一个由于持续污染而长期累积的过程。不可能在某一特殊损害事故和最初引起污染发生的经济活动之间建立起直接的因果联系。污染者也很难确认或界定他们活动的受害者。没有政策干预，不可能把可以预计的对未来代人的损害纳入市场交易机制。将对未来代人的损害所产生的负外部性通过市场交易内部化是非常困难的。污染物排放会引起环境条件和环境质量的变化，在缺少成熟的治理技术的情况下，我们很难把具体地区的破坏行为与其对环境的损害程度联系起来，也很难科学地将对未来代人的补偿纳入目前的市场机制。

这种对污染者代际责任追溯机制的缺失，很大程度上助长了企业的排污动机。排污企业代际责任追溯机制的缺失，一方面表现在缺乏完善的社会评价体系和监督机制。我国政府规制企业履行环保责任的评价体系虽然经过多年建设，但是仍存在信息不对称、评价过程不均衡、运行机制不健全等缺陷，制约了政府对污染企业的规制，不能对企业履行环保责任形成有效的约束和激励。此外，我国还缺乏健全的社会监督机制，制约了对企业履行环保责任的规制。当前对企业环境行为的制约主要来自企业生产和排污过程中的环境规制。而地区环境规制竞争导致的规制低效率，以及落后地区公众参与环保意识和能力的低下，使得对企业的污染转移行为不足以形成充分的约束。另一方面表现在缺乏有效的代际责任追溯和落实，很难对排污企业的排污行为施行有效的惩罚和约束。由于不能在代际建立企业排污行为与污染受害者之间直接的赔偿机制，后代人不得不承担当代企业所转嫁的污染成本，而企业却无须对此负责。

因此，仅仅对企业生产活动中的污染排放进行规制，不足以有效抑制企业的污染转移行为，必须探讨建立事后环境责任追偿制度，作为事前环境规制的补充。通过落实代际责任追溯，可以通过强化企业承担环境污染和环境事故损失的预期，来激励企业采取有效的环境行为，增强企业环境管理的有效性。

2. 代际补偿机制缺失：污染减排激励不足

企业的排污动机与市场机制的不完善有很大关系。一方面环境污染带来的环境质量恶化，是当代人和后代人共同面临的风险。通过当代人的环境规制的努力和投资，人类社会面临的环境质量恶化的风险是可以降低的。企业是污染物排放的重要主体，因而也是截污减排的中坚力量，当代人环境规制的努力和投资，很大一部分负担在企业身上。另一方面，由于后代人在当代尚不具备决策权，不能作为独立的经济主体与当代企业进行协商，这就造成了对当代企业截污减排行为的代际补偿机制缺失，从而造成了当代企业截污减排的激励不足。

（1）企业成本效益计算的范围不科学，代内和代际的环境质量损失或收益都没有计算在内。

从企业成本核算角度来看，很多企业仍然受传统的环境资源无价值论的误导，在其内部的会计核算制度中没有将环境成本计入生产成本，也没有将保护环境所带来的收益纳入企业收益，企业自然就容易忽视节约资源、保护环境所带来的成本-收益的增加或减少，很难树立环境保护意识。由于资源与商品的价格不能真实反映包括环境成本在内的全部社会成本，加上不合理的财政补贴，如政府对企业使用工业用水、电、煤、石油等实行税收返还与财政补贴，使企业生产的真正成本被大大低估了，稀缺资源和环境的价值被严重扭曲；此外，环境与货币缺乏确定的关系，真正价值难以通过货币定价，即使对排污、工业用水进行收费，但由于产权界定的不明确与公共物品特性，定价往往偏低不能真实反映其价值。

（2）企业在现有的经济环境下缺乏足够的利益激励，因而对现有的生产模式有着很强的路径依赖。

在现存的市场环境下，由于使用自然资源代价低，企业依靠现有的耗费大量资源并产生大量废弃物的粗放型生产方式仍然有利可图，缺乏改进生产方式的激励机制，即使由于法规的存在而对生产进行末端治理，也是一种治标不治本的生产方式，只是换了一种方式去污染环境。从物质平衡的角度看，排污税和可交易污染许可证制度等大多数环保程序并没有减少大量的有害物质的存在，只不过将环境风险在空间、时间上进行了转移，从一个地区转移到另一个地区或转移给下一代。

（3）企业对截污减排而产生的未来收益的预期具有不确定性，也即对当期的减排行为的后期补偿持有不同意见。

一是对在未来时期所能获得的创新性补偿的不确定性预期。20世纪80年代中后期，有关政府环境规制对企业竞争力的影响以及企业环境成本补偿问题成为企业战略管理中所研究和解决的重要问题。相关研究结果表明，环境成本内部化必然导致企业生产经营成本增加，进而使企业在国内和国际市场竞争力下降，这是传统假设的基本内容。有关证据表明，企业在面临技术变革时，会持有一定的保留态度。这是因为原有的生产方式能够为企业带来足够的利润，而投资新技术不但耗费大量人、财、物等资源，而且投资后的生产能否获得利润，具有很大的不确定性。因此，对企业来说，投资新技术不是一个理性的最优选择（Williams et al.，1997）。这些不确定性包括技术上的不确定性、产品市场的不确定性及其他企业和消费者的道德风险问题、在专利制度缺陷下技术有一定公共物品属性等一系列的不确定性。因此，缺乏利益激励机制，加上企业对原有生产方式的路径依赖，企业对新引进技术、购置环保生产设施等有一定的保留。

二是对后代人补偿的预期不确定。由于后代人尚不能作为一个独立的主体在当代与当代的企业进行谈判，也不能形成后代人对当代企业治污投入补偿的有约束力的合同，因而当代企业通常不会预期自己当期的治污投入和服从环境规制的成本能够在未来时期得到相应的补偿，因为后代人也有其理性“经济人”的动机，其行为的目的是追逐自身利益最大化，不会自动对前期的企业在前期的治污投入进行补偿。无论是在未来时期可能获得的创新性补偿，还是对后代人的补偿，在代际间市场缺失和代际补偿机制缺失的客观条件下，对于当代企业而言都具有非常显著的不确定性，这在很大程度上限制了对当代企业治污投入的积极性和主动性。

5.2.3 社会公众

5.2.3.1 概念界定

广义的“公众”一般是指对特定利益做出反应的、一定数量的人群或社会团体。它不仅包括不特定的公民个人，而且包括相关的团体、政府机构以及其他组织。在本研究中，公众指的是除了地方政府和排污企业之外的经济个体和组织。

公众参与原则是环境法的一条基本原则。它主要包含三层含义：公众有权参与环境保护活动，也有义务保护环境；公众有权依法参与环境决策、环境管理和监督活动；国家依法保障公众参与环境决策、环境管理和监督，发挥公众在环境监督方面的积极作用。

公众参与环境保护的程度直接体现着一个国家环境意识、生态文明的发育程度。西方国家环境问题的转折源于20世纪60年代末，面对当时环境状况恶化的现实，公众的反对形成了西方国家环境治理的强大压力和驱动力，促使西方国家的环境治理发生了深刻的变革。公众可以为环境保护提供动力，因为他们是环境和资源破坏的真正受害者，他们不会选择让自己的健康和安全受到严重损害的发展道路，也不会选择断送子孙后代赖以生存和发展的资源的发展道路，正因为如此，公众是污染获利集团和政府权力寻租无法突破的障碍。

发达地区公众的环保意识和参与环保的能力都较高，这种非正式环境规制的客观差异也是污染密集型企业迁移的一个重要推动因素。从而通过环境教育、信息公示、发展环保民间团体、完善环境公益诉讼等方面的制度建设，提高全面环保意识和参与环保的能力，也是有效制约污染转移的途径。

5.2.3.2 地方环境规制中公众行为及其代际影响

在地方政府环境规制过程中，社会公众所处的地位是比较特殊的。一方面，社会公众是除了地方政府之外的地方环境规制过程中的重要监督者。由于环境问题是跨地区、跨时期的问题，当代居民在生产和消费过程中产生的污染直接破坏的是他们自身赖以生存的环境，威胁到其自身的利益，因此当代居民也是环境规制的需求者和监督者，在地方政府环境规制过程中是与污染企业相抗衡的另一社会群体，对地方政府环境规制的执行、企业排污行为起着广泛的监督作用，是政府环境规制过程中不可或缺的重要角色。

另一方面，社会公众是地方政府环境规制后果的承担者。社会公众在享受环境规制带来的环境质量提高的同时，也需要承担地方政府环境规制的其他后果。政府对企业排污行为规制的最终结果也都将落实到社会公众身上，由作为消费者的社会公众来承担。这是因为，企业可以采用各种方式，巧立名目将政府环境规制所带来的成本转嫁到消费者身上，以保证自己的利润所得。在这种情况下，消费者反而成为政府环境规制的利益受损者，因此，社会公众只有组织起来，维护自身利益，监督政府规制过程朝着正确合理的方向进行。

由于上述所处地位的特殊性，公众参与地方政府环境规制的过程，受到以下因素的制约。

一是由于社会公众与生俱来的分散性、弱组织性，限制了社会公众担当环境规制监督者的重任，只能寄希望于地方政府的秉公执法。地方政府的环境规制政策的后果都是由数以万计甚至更多的社会公众分担，对每个人的实际利益影响不大。“搭便车”效应使得单个的社会公众缺乏为社会整体利益积极努力的冲动，因此，社会公众抵制企业的排污行为和政府的寻租行为的共同行动是很难自发实现的。

二是由于公众与企业之间在生产要素市场和商品市场上千丝万缕的联系，公众对于污染企业的感情是复杂的，在公众的内部也出现了分化，共同行动是很难实现的。虽然社会公众对环境污染深恶痛绝，然而对于企业带给自己的利益又割舍不下，无论是对一般的市场产品，还是对环境规制这一特殊产品，相对企业利益集团而言，公众总是处于博弈的劣势地位。

由此可知，当代社会公众的行为也面临着多种激励和约束，这决定了他们对本地区地方政府环境规制的影响也是重要而复杂的。

| 第 6 章 |

多元互动中地方环境规制的供给困境及其破解思路

政府规制涉及地方政府、被规制企业、其他社会公众三方利益主体的关系。这三方利益主体在地方政府环境规制过程中有着不同的地位和影响作用。其中，被规制企业和其他社会公众是政府规制的“经济当事人”，地方政府主要充当规制规则的制定者和执行者，同时也是被规制企业和社会公众相互博弈的仲裁人。从代际公共品视角看，三者都是代际公共品的供给主体，三者之间又存在着复杂的对立统一的利益关系，地方政府环境规制的实现，是三者直接互动和间接互动的结果。

6.1 环境规制中三方利益主体的互动关系

环境规制的成本包括直接成本和间接成本，其中，直接成本由环境规制的总投资和环境规制制度的制定成本以及环境规制人员投入等组成。

政府环境规制部门收集、分析和整理有关被规制企业排污的成本、技术以及排污量等方面的详细数据资料，这些都是环境规制的直接成本。

环境规制的间接成本是指社会由于遵守和执行环境规制导致的商品和服务的损失及产量的减少。如给环境受害者补偿的费用、发展环境保护产业投入的费用、资源闲置损失和按新的生产要素组合方式可能导致的损失等。

由于环境对人们的影响是多方面的，环境规制的收益不能简单地用金钱来衡量，更多地体现在环境状况的改善，如各种污染物排放量的减少、城市环境质量的提高等。

从环境规制这一代际公共品的“生产”过程看，地方政府、排污企业与公众都是环境规制的参与主体。普通公共品一旦生产出来并向社会提供，社会成员和组织就可以享用或消费它的正的外部性，但是环境规制却不同，政府制定了环境规制的标准和措施，并不等于环境规制社会效益和环境效益的产生，必须是政府制定的规制政策运用于企业的生产指导和规范，加之有效的公众参与和监督，环境规制才能作为一种代际公共品在代际产生正的外部性。因此，环境规制供给的实现，需要政府、企业和公众三者的结合，从环境规制这一代际公共品的规制成本看，地方政府、排污企业和作为公众现实组成部分的当代居民都是环境规制成本的承担者（如图 6 - 1 所示）。

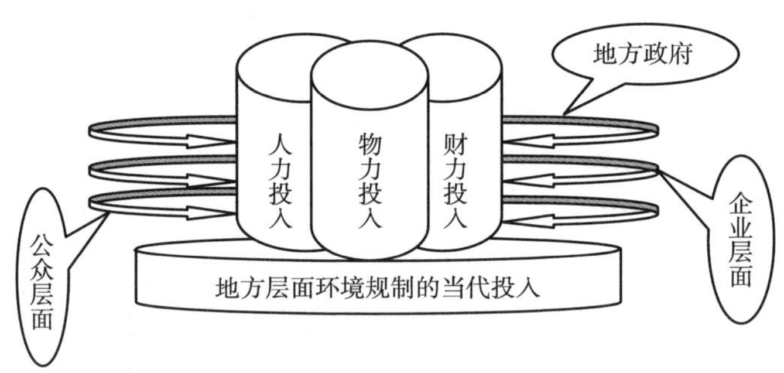

图 6 - 1　地方层面环境规制的（当代）供给主体

在环境规制这一代际公共品供给过程中，地方政府负担了环境规制的执行成本，排污企业负担了环境规制的服从成本，公众负担了环境规制的监督和督促成本。以我国的情况为例，现阶段，我国环境规制的支出主要包括三个方面：政府投资、金融机构投资和私人部门投资、企业自身投资构成。政府投资指中央政府和地方政府的财政收入中用于环境规制的资金，金融机构和私人部门投资是指商业银行用于对排污达标或排污守信企业的贷款和私人机构以及各种方式投入环境污染治理的资金；企业的投资则包括了更新改造的环保投入和排污收费的投入。环境规制作为一种代际公共品，其成本分担于当代的政府、企业与公众，而收益却有明显的代际外溢性，后代人没有对环境规制的执行支付费用，但是可以无偿地消费环境规制的正的社会效益和环境效益。因此，从代际公共品的角度，当代的政府、企业与公众作为环境规制供给的成本负担者，都是环境规制过程中的利益相关者。

在相关利益主体的互动方面，侧重于地方层面的相关利益主体的相互关系。地方政府作为中央政府的代理人，管理辖区内的经济和社会事务，地方政府环境规制的现实过程，涉及中央政府、地方政府、企业和公众等多方面行为主体的利益关系。在财政分权背景下，地方政府作为相对独立的行为主体，也有着本身的利益诉求，它在环境规制的过程中，受到来自中央政府、其他地方政府以及辖区内微观主体的多重影响和约束，本研究侧重于关注地方层面相关利益主体在地方政府环境规制过程中的互动作用及其代际后果，即图6-2中虚线部分所圈定的内容。

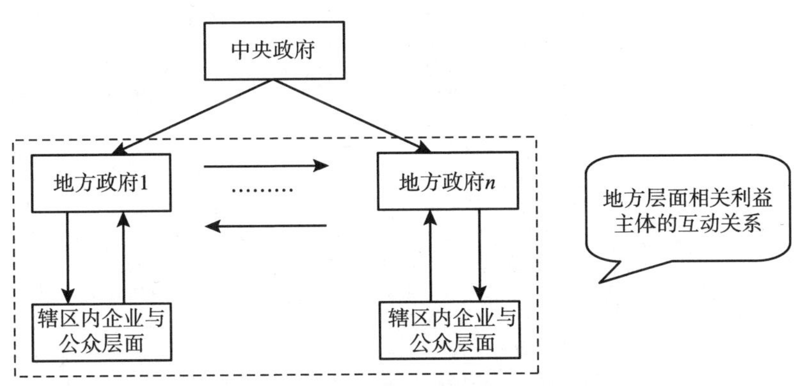

图6-2 地方层面相关利益主体的互动

就我国的环境规制实践而言，中共中央、国务院高度重视地方政府、企业和社会公众多元互动对生态文明建设的重要作用。中共十八大以来，党中央、国务院把生态文明建设摆在更加重要的战略位置，纳入“五位一体”总体布局，作出一系列重大决策部署，对于多元参与环境规制的政策引导和政策鼓励也在相关政策文件中不断加以强调（如表6-1所示）。

表 6－1　　国家环境保护政策对地方环境规制相关主体的要求

时间	政策文件	相关内容
2007 年 11 月	《国务院关于印发国家环境保护“十一五”规划的通知》	地方各级人民政府要把环境保护目标、任务、措施和重点工程项目纳入本地区经济和社会发展规划，做到责任到位、措施到位、投资到位、监管到位。要严格执法监督，督促企业履行保护环境的责任，动员全社会共同保护环境。 1. 加强国家监察。完善政策措施，加强对全国环境保护的评估、规划、宏观调控和指导监督。 2. 加强地方监管。坚持地方政府对行政区域环境质量负责，落实政府环境责任。建立环境保护目标责任制，加强评估和考核。 3. 落实单位负责。综合运用约束机制和激励机制，促进企业和其他组织严格执行环境法规与标准，自觉治理污染，保护生态。建立企业环境信息公开制度，加强社会监督。建立企业环境监督员制度，实行职业资格管理。 4. 加强部门合作。逐步理顺部门职责分工，增强环境监管的协调性、整体性。建立部门间信息共享和协调联动机制，充分发挥部际联席会议的作用。
2011 年 12 月	《国务院关于印发国家环境保护“十二五”规划的通知》	政府引导，协力推进。坚持政府引导，明确企业主体责任，加强部门协调配合。加强环境信息公开和舆论监督，动员全社会参与环境保护。探索以市场化手段推进环境保护。 1. 落实环境目标责任制。制定生态文明建设指标体系，纳入地方各级人民政府政绩考核。实行环境保护一票否决制。继续推进主要污染物总量减排考核，探索开展环境质量监督考核。落实环境目标责任制，定期发布主要污染物减排、环境质量、重点流域污染防治规划实施情况等考核结果，对未完成环保目标任务或对发生重特大突发环境事件负有责任的地方政府要进行约谈，实施区域限批，并追究有关领导责任。 2. 严格执法监管。完善环境监察体制机制，明确执法责任和程序，提高执法效率。建立跨行政区环境执法合作机制和部门联动执法机制。深入开展整治违法排污企业保障群众健康环保专项行动，改进对环境违法行为的处罚方式，加大执法力度。持续开展环境安全监察，消除环境安全隐患。强化承接产业转移环境监管。 3. 发挥地方人民政府积极性。进一步深化环境保护激励措施，充分发挥地方人民政府预防和治理环境污染的积极性。进一步完善领导干部政绩综合评价体系，引导地方各级人民政府把环境保护放在全局工作的突出位置，及时研究解决本地区环境保护重大问题。完善中央环境保护投入管理机制，带动地方人民政府加大投入力度。推进生态文明建设试点，鼓励开展环境保护模范城市、生态示范区等创建活动。 4. 积极引导全民参与。实施全民环境教育行动计划，动员全社会参与环境保护。推进绿色创建活动，倡导绿色生产、生活方式。完善新闻发布和重大环境信息披露制度。推进城镇环境质量、重点污染源、重点城市饮用水水质、企业环境和核电厂安全信息公开，建立涉及有毒有害物质排放企业的环境信息强制披露制度。引导企业进一步增强社会责任感。建立健全环境保护举报制度，畅通环境信访、“12369”环保热线、网络邮箱等信访投诉渠道，鼓励实行有奖举报。支持环境公益诉讼。

续表

时间	政策文件	相关内容
2016 年 12 月	《国务院关于印发“十三五”生态环境保护规划的通知》	生态文明建设上升为国家战略。 统筹推进生态环境治理体系建设，以环保督察巡视、编制自然资源资产负债表、领导干部自然资源资产离任审计、生态环境损害责任追究等落实地方环境保护责任，以环境司法、排污许可、损害赔偿等落实企业主体责任，加强信息公开，推进公益诉讼，强化绿色金融等市场激励机制，形成政府、企业、公众共治的治理体系。 1. 落实地方责任 （1）落实政府生态环境保护责任。建立健全职责明晰、分工合理的环境保护责任体系，加强监督检查，推动落实环境保护党政同责、一岗双责。 （2）改革生态环境保护体制机制。积极推行省以下环保机构监测监察执法垂直管理制度改革试点，加强对地方政府及其相关部门环保履责情况的监督检查。 （3）实施生态文明绩效评价考核。贯彻落实生态文明建设目标评价考核办法，建立体现生态文明要求的目标体系、考核办法、奖惩机制，把资源消耗、环境损害、生态效益纳入地方各级政府经济社会发展评价体系，对不同区域主体功能定位实行差异化绩效评价考核。 （4）开展环境保护督察。推动地方落实生态环保主体责任，开展环境保护督察，重点检查环境质量呈现恶化趋势的区域流域及整治情况，重点督察地方党委和政府及其有关部门环保不作为、乱作为的情况，重点了解地方落实环境保护党政同责、一岗双责以及严格责任追究等情况，推动地方生态文明建设和环境保护工作，促进绿色发展。 （5）建立生态环境损害责任终身追究制。建立重大决策终身责任追究及责任倒查机制，对在生态环境和资源方面造成严重破坏负有责任的干部不得提拔使用或者转任重要职务，对构成犯罪的依法追究刑事责任。实行领导干部自然资源资产离任审计，对领导干部离任后出现重大生态环境损害并认定其应承担责任的，实行终身追责。 2. 加强企业监管 （1）建立覆盖所有固定污染源的企业排放许可制度。全面推行排污许可，以改善环境质量、防范环境风险为目标，将污染物排放种类、浓度、总量、排放去向等纳入许可证管理范围，企业按排污许可证规定生产、排污。完善污染治理责任体系，环境保护部门对照排污许可证要求对企业排污行为实施监管执法。2017 年底前，完成重点行业及产能过剩行业企业许可证核发，建成全国排污许可管理信息平台。到 2020 年，全国基本完成排污许可管理名录规定行业企业的许可证核发。 （2）激励和约束企业主动落实环保责任。建立企业环境信用评价和违法排污黑名单制度，企业环境违法信息将记入社会诚信档案，向社会公开。建立上市公司环保信息强制性披露机制，对未尽披露义务的上市公司依法予以处罚。实施能效和环保“领跑者”制度，采取财税优惠、荣誉表彰等措施激励企业实现更高标准的环保目标。到 2020 年，分级建立企业环境信用评价体系，将企业环境信用信息纳入全国信用信息共享平台，建立守信激励与失信惩戒机制。

续表

时间	政策文件	相关内容
2016年12月	《国务院关于印发“十三五”生态环境保护规划的通知》	（3）建立健全生态环境损害评估和赔偿制度。推进生态环境损害鉴定评估规范化管理，完善鉴定评估技术方法。2017年底前，完成生态环境损害赔偿制度改革试点；自2018年起，在全国试行生态环境损害赔偿制度；到2020年，力争在全国范围内初步建立生态环境损害赔偿制度。 3. 实施全民行动 （1）提高全社会生态环境保护意识。加大生态环境保护宣传教育，组织环保公益活动，开发生态文化产品，全面提升全社会生态环境保护意识。地方各级人民政府、教育主管部门和新闻媒体要依法履行环境保护宣传教育责任，把环境保护和生态文明建设作为践行社会主义核心价值观的重要内容，实施全民环境保护宣传教育行动计划。引导抵制和谴责过度消费、奢侈消费、浪费资源能源等行为，倡导勤俭节约、绿色低碳的社会风尚。鼓励生态文化作品创作，丰富环境保护宣传产品，开展环境保护公益宣传活动。建设国家生态环境教育平台，引导公众践行绿色简约生活和低碳休闲模式。小学、中学、高等学校、职业学校、培训机构等要将生态文明教育纳入教学内容。 （2）推动绿色消费。强化绿色消费意识，提高公众环境行为自律意识，加快衣食住行向绿色消费转变。实施全民节能行动计划，实行居民水、电、气阶梯价格制度，推广节水、节能用品和绿色环保家具、建材等。实施绿色建筑行动计划，完善绿色建筑标准及认证体系，扩大强制执行范围，京津冀地区城镇新建建筑中绿色建筑达到50%以上。强化政府绿色采购制度，制定绿色产品采购目录，倡导非政府机构、企业实行绿色采购。鼓励绿色出行，改善步行、自行车出行条件，完善城市公共交通服务体系。到2020年，城区常住人口300万以上城市建成区公共交通占机动化出行比例达到60%。 （3）强化信息公开。建立生态环境监测信息统一发布机制。全面推进大气、水、土壤等生态环境信息公开，推进监管部门生态环境信息、排污单位环境信息以及建设项目环境影响评价信息公开。各地要建立统一的信息公开平台，健全反馈机制。建立健全环境保护新闻发言人制度。 （4）加强社会监督。建立公众参与环境管理决策的有效渠道和合理机制，鼓励公众对政府环保工作、企业排污行为进行监督。在建设项目立项、实施、后评价等环节，建立沟通协商平台，听取公众意见和建议，保障公众环境知情权、参与权、监督权和表达权。引导新闻媒体，加强舆论监督，充分利用“12369”环保热线和环保微信举报平台。研究推进环境典型案例指导示范制度，推动司法机关强化公民环境诉权的保障，细化环境公益诉讼的法律程序，加强对环境公益诉讼的技术支持，完善环境公益诉讼制度。

续表

时间	政策文件	相关内容
2020 年 3 月	《中共中央办公厅　国务院办公厅印发〈关于构建现代环境治理体系的指导意见〉》	以坚持党的集中统一领导为统领，以强化政府主导作用为关键，以深化企业主体作用为根本，以更好动员社会组织和公众共同参与为支撑，实现政府治理和社会调节、企业自治良性互动，完善体制机制，强化源头治理，形成工作合力，为推动生态环境根本好转、建设生态文明和美丽中国提供有力制度保障。 健全环境治理领导责任体系：完善中央统筹、省负总责、市县抓落实的工作机制；明确中央和地方财政支出责任；开展目标评价考核；深化生态环境保护督察。 健全环境治理企业责任体系：依法实行排污许可管理制度；推进生产服务绿色化；提高治污能力和水平；公开环境治理信息。 健全环境治理全民行动体系：强化社会监督；发挥各类社会团体作用；提高公民环保素养。 健全环境治理监管体系：完善监管体制；加强司法保障；强化监测能力建设。 健全环境治理市场体系：构建规范开放的市场；强化环保产业支撑；创新环境治理模式；健全价格收费机制。 健全环境治理信用体系：加强政务诚信建设；健全企业信用建设。 健全环境治理法律法规政策体系：完善法律法规；完善环境保护标准；加强财税支持。建立健全常态化、稳定的中央和地方环境治理财政资金投入机制；完善金融扶持。

6.2　环境规制中三方利益主体互动的代际影响

作为一种行政过程，政府规制涉及地方政府、被规制企业、其他社会公众三方利益主体的关系。这三方利益主体在地方政府环境规制过程中有着不同的地位和影响作用。其中，被规制企业和其他社会公众是政府规制的“经济当事人”、规制博弈的主体地方政府主要充当规制规则的制定者和执行者，同时也是被规制企业和社会公众相互博弈的仲裁人。

地方政府环境规制过程中三方利益主体的关系也是现实而复杂的问题。史普博（Spulber，1988）指出，政府对市场的规制管制涉及规制机构、消费者、企业之间的直接的和间接的互动关系。地方政府环境规制的过程，是在各相关利益主体之间的互动关系中实现的，他们共同决定了环境规制的成本。

6.2.1 直接互动及其代际影响

6.2.1.1 地方环境规制中的直接互动

直接互动关系通过公开听证和规则制定过程在消费者和企业之间发生。地方政府环境规制过程中的直接互动关系是地方政府、企业和公众之间按照行政程序尤其是行政程序法发生的关系，主要通过公开听证和规则制定发生。具体包括地方政府或者通过自愿报告和正式调查程序，或者通过公开听证收集来自企业利益集团和公众利益集团的相关信息，并对双方的利益诉求做出权衡，最终形成基本能够体现公众和企业利益集团之间的一致意见并有助于消除它们之间的冲突的环境政策和标准。

从代际维度看，地方政府环境规制过程中相关利益主体的直接互动，是当代供给主体的决策过程，由于后代代理人缺位和不确定性问题的客观存在，当代供给主体的政策选择对未来代人的影响是难以预测的。环境规制在理论上可以归结为一种资源跨期配置，涉及当代人和后代人的选择。对环境质量的需求，往往要受到当代经济发展水平和环境意识的制约。对于后代人的需求而言，市场条件如价格、利息率等越是变化，需求变化也越是难以预测，可见未来代人对于环境质量的需求也是不确定的，即使是符合当代环境资源配置帕累托最优标准的决策，也未必符合代际环境资源配置的帕累托最优，因此，无论当代人对环境是严重污染破坏还是通过严格的规制加以保护和提升，后代人都只能被动地接受由前一代或几代人所转移过来的负的或者是正的外部效应。

6.2.1.2 直接互动的代际影响：规制服从与代际公共益品供给

企业通过购置并使用排污设备或通过削减生产减少污染排放的行为，对于企业自身而言意味着在收益不变或减少的情况下生产和投入成本的增加，最终会影响到企业利润的增长。因此，企业服从环境规制，从代际维度就可以理解为企业为环境规制这一代际公共益品的提供承担了一部分供给成本。

污染企业并不是在所有情况下都一概抵制环境规制，它们也有可能支持甚至主动要求环境规制。一方面，当企业在治理污染的成本或技术上具有优势时，提高环境规制标准可以增加竞争对手的成本，削弱其竞争力，或阻碍潜在竞争对手进入。这时严格的环境规制成为企业获取竞争优势和市场势力的手段，企业会积极支持环境规制或主动要求实行严格的规制。另一方面，当环境规制能与企业的经济收益相联系时，企业也会支持环境规制。根据波特的竞争优势理论，环境规制可能会激发企业的技术创新，创新活动带来的生产工艺改进，能源与资源利用效率提高以及组织管理的改善，不但能够有效降低污染，而且可以降低企业成本、提高利润。曲如晓（2001）认为环境保护带来的环境技术创新分为两种类型：一种是企业对处理污染的经验和技巧的提高，这种类型的创新在没有改变产品其他性能的情况下，大大减少了污染控制的适应成本。另一种创新是在解决环境问题的同时又使相关产品本身或生产工艺得以改善。通过产品创新可以降低产品成本或减少使用者的处置成本；通过工艺创新能减少废气污染物的产生和排放，能产生较高的资源生产率。这时环境规制与企业利润最大化目标具有一致性，自然会得到企业支持。这种情况的典型例子便是清洁生产方式的运用。在清洁生产方式下，从产品设计开始就充分考虑了生产和消费中的污染问题，力图将污染降至最低；在生产过程中通过使用清洁能源和原材料、改进生产工艺和设备、改善管理和废物综合利用来降低最终污染物的产出；在产品消费和服务中通过回收和循环利用来降低污染。由于在产品设计、生产、销售、消费和服务的全过程中资源都得到了最有效的利用，不但减少了污染物的产出，还有效降低了企业成本。因此以清洁生产方式替代末端治理技术可以有效提高企业参与环境治理的积极性。

6.2.2 间接互动及其代际影响

6.2.2.1 地方环境规制中的间接互动

间接互动关系则是指消费者和企业企图通过自下而上的渠道影响管制决策的活动，反映了市场参与者和规制机构之间的非正式互动关系。这种非正式互动关系既可以是公开进行的，也可能是幕后发生的。正如史普博所指出的那样，大多数有关规制起源的理论都将间接互动关系视为直接互动关系——规制规则、规制程序及规制决定的源头。

从代际维度看，后代代理人缺位造成了代际约束的缺失，在现期环境规制的规则制定和执行的过程中如果以当代利益诉求为政策导向，后代人将因此而承担所可能发生的代际外部成本。

6.2.2.2 间接互动的代际影响：规制规避与代际公共劣品供给

企业的排污行为的社会成本的承担者，不仅是当代的所有社会成员，而且包括后代的社会成员，企业排污行为不仅损害了当代社会成员的福利水平，也损害了后代社会成员的福利水平。因此，企业为追求利润最大化，向环境排放大量生产废物，造成环境严重恶化，实质上是一种代际公共劣品的供给，其负的代际外部性也是非常明显的。

部分企业为了避免环境规制的相关成本，容易产生跨界迁移、变相应对等规制规避的消极行为。由此造成环境污染加剧的代际效应，将会体现在当代与将来各代之间的福利分配上，即当代人对环境的污染影响到下一代人的效用。作为一般结论，将来各代人的利益很可能成为当代企业逐利行为的牺牲品。

6.3 多代交叠背景下地方环境规制代际补偿的博弈分析

在环境规制过程中，当期相关利益主体对环境治理的投入（包括技术投入和制度投入）是一种提供代际公共益品的过程。由于代际市场的缺失，这种向未来时期产生正向代际外溢性的代际公共益品的供给往往面临激励和约束的不足。要从根本上提高代际公共品的供给水平，需要探讨在多元利益主体策略互动中实现对代际公共益品进行代际补偿的有效途径。

本节以垃圾的无害化处理为例，探析在代际交叠的人口结构下，代际补偿对代际公共益品现实供给的影响，以及代际公共品益品代际补偿的实现形式。

6.3.1 两代交叠背景下地方环境规制的竞争博弈

考虑某一地区两代交叠情况，该地区第 1 代居民必须决定在时期 1 是否进行垃圾处理厂及研发先进处理技术的投资和管理。两代人不交叠的情况下，即第 1 代居民只存在于时期 1，第 2 代居民存在于时期 2，那么在时期 2 的环境质量恶化将只是损害第 2 代居民的福利水平，对第 1 代居民没有影响。而两代人交叠的情况就是，第 1 代居民存在于时期 1 和时期 2，第 2 代人只存在于时期 2。这样在时期 2 的环境恶化情况一样会影响到第 1 代居民的福利水平。

进一步假设在第 2 时期，垃圾污染对环境的影响有两种情况：一种情况是，时期 2 的环境容量和承受能力仍然足够大，此时大量垃圾的产生对于环境质量而言没有显著的影响；另一种情况是，时期 2 的环境容量已经达到了极限值，如果没有时期 1 提供的垃圾处理厂和处理技术，那么处于时期 2 的所有居民将面临生存环境急剧恶化的问题。假设这两种情况发生的概率分别为 0.5。

假设在时期 1，环境状态在下一时期的变化是不确定的，因为当期居民很难测度当期的行为对后来时期的全部影响；环境的变化发生在时期 2 的一开始，也就是说，进入时期 2，环境的状态就是确定的，或者是发生恶化，或者是没有发生恶化。

假设第 1 代居民在时期 1 获得的初始禀赋为 10，第 2 代居民在时期 2 获得的初始禀赋为 10。时期 1 建造垃圾处理厂投入先进无害化处理技术的代际公共益品的投资成本为 5。

进入时期 2，一旦垃圾污染超出环境容量造成环境急剧恶化的情况发生，第 2 代居民的损失为 10，这意味着环境恶化破坏了人类的生存条件，丧失了生存机会也就相当于所拥有的禀赋为 0；假设时期 2 的环境恶化对第 1 代居民造成的损失小于 5，因此第 1 代居民没有足够的激励投资垃圾处理的代际公共益品。

在程式化的博弈中，该地区第 2 代居民将决定是否对第 1 代居民提供的有关垃圾处理的代际公共益品进行补偿。分为几种情况：

如果在第 2 时期的一开始，环境恶化的可能性变成了现实，风险的不确定成了确定，由于第 1 代居民投入自己的禀赋 5 提供了环境规制，而使第 2 代居民避免了禀赋 10 的损失，那么第 2 代居民理应用本代人所拥有的禀赋 10 来补偿第 1 代居民的投资。

第 1 代居民有 A 和 B 两种选择：

A 选择：提供代际公共品，即建立垃圾处理厂投入先进的无害化垃圾处理技术。这样会面临两种情况：

情况 A1：在时期 2，垃圾排放量和污染程度都超出了环境的承受能力，第 2 代居民面临环境急剧恶化的威胁。由于第 1 代人投入自己的禀赋 5 提供了垃圾处理厂，从而使第 2 代居民避免了禀赋 10 的损失，第 2 代居民用潜在的损失——禀赋 10 来补偿第 1 代居民的代际公共品投资。在这种情况下，第 1 代居民最终获得的禀赋为 15，第 2 代居民的禀赋为 0。

情况 A2：在时期 2，由于环境的容量足够大，时期 2 居民大量垃圾的排放在当期暂时没有引起环境质量发生恶化。第 1 代居民建造的垃圾处理厂并未产生显著效果，第 2 代居民选择无须对第 1 代地方政府代际公共品投资进行补偿。在这种情况下，第 1 代居民最终获得的禀赋为 5，第 2 代居民的禀赋为 10。

B 选择：不提供代际公共益品，即不投资建立垃圾处理厂也不投资进行先进的无害化垃圾处理技术的研发和使用。这样也会面临两种情况：

情况 B1：在时期 2，垃圾排放量和污染程度都超出了环境的承受能力，第 2 代居民的生存环境发生急剧恶化，第 2 代居民的初始禀赋 10 全部损失。这种情况下，第 1 代居民最终获得的禀赋仍为 10，第 2 代居民的最终禀赋为 0。

情况 B2：在时期 2，由于环境的容量足够大，时期 2 居民大量垃圾的排放在当期暂时没有引起环境质量发生恶化。第 2 代居民的福利水平没有受到环境破坏的影响。这种情况下，第 1 代居民最终获得的禀赋仍为 10，第 2 代居民的最终禀赋也为 10。

在两时期代际交叠背景下，两代人的这一博弈过程是竞争性博弈。因为这一过程中两代人没有进行合作，而且一旦垃圾处理这一代际公共益品对于第 2 代人是必需品时，第 2 代的居民需要将它所拥有的全部禀赋 10 用来补偿第 1 代居民的代际公共品投资。在这种竞争性博弈的情况下，第 1 代居民关于是否提供代际公共益品，进行垃圾处理厂和处理技术的投资的决策，依赖于它对不提供此代际公共益品而获得的确定的最终禀赋 10，与提供此代际公共益品而获得的期望支付向量 10（$=0.5\times15+0.5\times5$），二者之间的衡量和评价。作为风险厌恶者的第 1 代居民将不会进行代际公共品的投资，因此，在缺乏保障代际合作和代际承诺的背景下，这样的代际竞争性博弈的结果是没有效率的。

假设存在代际转移支付的机制来保证代际补偿的实现。为了能避免生存环境恶化而损失全部的初始禀赋，第 2 代居民承诺，只要第 1 代居民提供垃圾处理的代际公共益品，无论环境容量是否允许，第 2 代居民都将愿意补偿第 1 代居民提供垃圾处理代际公共益品而花费的禀赋 5。在这一代际合作博弈过程中，无论环境容量是否能够承受大规模垃圾排放，第 2 代居民都会支付禀赋 5 给第 1 代的居民，从而得以保留余下的禀赋 5；第 1 代居民将会保证它的禀赋始终为 10。这样的通过代际转移机制实现的代际补偿的确定性结果，要好于第 1 代居民不提供垃圾处理代际公共益品，而仅仅依赖于环境容量，决定第 2 代居民的最终禀赋的情况。

另外，代际交易市场的存在也可以激励当代人的代际公共益品供给。假设第 1 代居民将在时期 2 开始时退休并迁往别处，在此之前他们需要将本地区的房子卖给第 2 代居民，不考虑垃圾处理厂的负外部性（假设该垃圾处理厂的选址恰当，垃圾无害化处理技术成熟，不会对该地区的居民造成危害），那么，第 1 代居民在时期 1 将有一定的激励来提供垃圾无害化处理的代际公共益品，以消除本地区所面临的垃圾困境和生存威胁。第 1 代居民在时期 1 所投入的垃圾无害化处理代际公共益品的成本，被资本化于房价中，并通过房子的出售而得到补偿。这样也可以在一定程度上促进代际博弈均衡，但其潜在前提也是需要有一个代际市场以保证代际补偿的实现。

6.3.2 多代交叠背景下地方环境规制的合作博弈

考虑同一地区三代以上多代交叠的背景。在上述分析的基础上，引入第 3 代居民和时期 3 对代际博弈加以拓展。

假设有三代人交叠存在于三个时期，第 1 代居民存在于时期 1，第 1 代居民和第 2 代居民存在于时期 2，第 2 代居民与第 3 代居民存在于时期 3，且三代人的初始禀赋都为 10。由于第 1 代居民与第 3 代居民之间没有交集，因此第 2 代居民在这一代际交叠背景中起着连接性的作用。仍然以垃圾无害化处理这项代际公共益品的供给为例进行分析。

在决策选择的开始时期 1，第 1 代的居民将决定是否投资建立垃圾处理厂、投入先进的无害化垃圾处理技术；在时期 2，第 2 代的居民将决定是否投资维护垃圾无害化处理代际公共品，以及是否对第 1 代居民的垃圾无害化处理代际公共品投资进行补偿；在时期 3，第 3 代的居民将根据垃圾污染是否造成环境危机来决定是否对第 2 代居民的垃圾无害化处理代际公共品的维护投入进行补偿。

假设第 1 代居民垃圾无害化处理代际公共益品的投资为 2.5，第 2 代居民对垃圾无害化处理代际公共益品的维护性投入为 2.5。如果在时期 3 由于垃圾排放和垃圾污染程度超出了环境承受力而产生的环境危机将造成第 3 代居民损失全部的初始禀赋 10。由于引入了第 3 代居民和时期 3，这意味着，在多代交叠的背景下，第 2 代居民的垃圾排放仍然是在环境容量的许可范围内的。

多代交叠背景下，第 1 代居民提供垃圾无害化处理代际公共益品所获得的最终禀赋具有不确定性，在 7.5 ~ 10 之间；而不提供垃圾无害化处理代际公共益品所获得的最终禀赋确定为 10。因此，在代际竞争性博弈的情况下，第 1 代居民的均衡策略即为不提供垃圾无害化处理的代际公共益品。具体到各项博弈策略的比较和选择过程，本书利用从第 3 代居民的决策进行逆推分析。由于第 3 代居民的策略具有随机性，即要依赖于环境容量的承受力来决定垃圾无害化处理代际公共益品的显著效用，那么第 2 代居民的决策就成为逆推分析的关键。在时期 2，第 2 代居民有五种选择，分别获得的收益为：维护 - 补偿策略的期望值为 10，维护 - 不补偿策略的期望值为 12.5，不维护 - 不补偿策略的确定性最终禀赋为 10，不维护 - 补偿策略的确定性最终禀赋为 7.5。由此可见，第 2 代居民将在预期收入 12.5 的“维护 - 不补偿”策略与确定性收入 10 的“不维护 - 不补偿”策略之间进行权衡，其结果决定于第 2 代居民的风险偏好及风险报酬是否大于 2.5，但不论第 2 代居民在这两种策略中作何选择，都是对第 1 代居民的投资“不补偿”，都意味着对第 1 代居民的欺骗。而这也是第 1 代居民会预见到的问题，因此，第 1 代居民将选择不提供垃圾无害化处理的代际公共益品作为均衡策略，以获得确定性的最终禀赋 10。

假设存在有效的代际补偿机制，第 2 代居民与第 3 代居民之间达成合作协议，第 3 代居民承诺无论环境容量对于垃圾无害化处理代际公共品的效用影响如何，都会支付禀赋 5 来补偿第 2 代居民对该项代际公共品的维护投入。这样的第 2、3 代居民的代际合作的博弈过程中，第 3 代居民为保证能够获得最终禀赋 5，而不是由于环境恶化而丧失全部禀赋，必然选择与第 2 代居民合作，兑现支付禀赋 5 的承诺。然而，对于第 2 代居民而言，“维护 - 偿还”

策略的期望收益为 10，“维护 - 不补偿”策略的期望收益为 12.5，理性的第 2 代居民将选择“维护 - 不补偿”策略，而这也正是理性的第 1 代居民会预见到的问题，因此，第 1 代居民仍然会选择不提供垃圾无害化处理的代际公共品作为均衡策略，以获得确定性的最终禀赋 10。

假设如果第 1 代居民不提供垃圾无害化处理代际公共品，则第 2 代居民在时期 3 也会与第 3 代居民一样面临着环境恶化的风险。其他条件不变，风险共担意味着第 2 代居民将不能考虑不维护的策略，第 2 代居民选择的策略是“维护 - 不补偿”。第 1 代居民推理尽管第 2 代与第 3 代居民面临着相同的风险，但第 2 代居民仍将选择不补偿它的投资，因此第 1 代居民将不提供垃圾无害化处理的代际公共益品，毕竟对于第 1 代居民来说，确定性的 10 禀赋收益要好过有风险的 7.5 禀赋的收益。由于如果第 1 代居民不提供垃圾无害化处理代际公共品，第 2 代居民将面临受到严重损害的威胁，因此在存在有效的代际转移支付机制的条件下，第 2 代居民将愿意与第 1 代居民达成协议，承诺对第 1 代居民的投资进行补偿。

多代交叠背景下，第 2 代和第 3 代的居民都承诺对上一代居民的代际公共益品供给的投入进行补偿，以避免潜在的严重损失，即第 3 代居民承诺支付禀赋 5 作为对第 2 代居民维护垃圾无害化处理代际公共益品的投入的补偿；第 2 代居民承诺维护该项代际公共品并对第 1 代居民的代际公共益品投资进行补偿。在此条件下，第 1 代居民将选择提供代际公共益品的策略，三代人的完全代际合作博弈使得代际公共益品投资的代际补偿得以实现，第 2 代居民和第 3 代居民的福利水平都得到了保证。

6.3.3 地方环境规制代际补偿的实现条件

通过向前的代际公共益品供给的代际间竞争与合作的博弈分析，我们可以看出，代际公共益品的有效供给通常依赖于代际合作，而代际合作的实现，需要建立在相应的代际补偿的基础上。各代之间策略选择所面临的顺序和条件不同，界定了他们各自的行为方式。当两代居民之间没有重叠，因而也不存在一个交易市场时，理性的当代人预期到自己的投入得不到来自后代人的补偿，对代际公共益品的供给决策通常会低于社会发展的合意水平，代际公共益品的有效率供给难以实现；然而，当各代处于交叠的状态时，代际补偿问题得到了一定程度的纠正，代际间有一个不完善的市场存在，虽然各代之间的策略选择仍然是不对称的，但是相互之间能够形成相对有效的约束和激励，此时，一种合作而非竞争的行为方式有利于改进代际公共益品的供给效率。

因此，代际利益的协调是保证社会健康稳定发展的关键，解决现实中的代际公共益品供给不足的问题，需要利益兼容的代际补偿激励。在这一过程中，政府在理念引导和代际公共品供给中起着不可替代的重要作用，可以通过设立代表未来各代利益和权利的专门机构和向后的代际补偿基金，对经济社会可持续发展过程中的代际公共益品供给进行相应的补偿。

6.4 代际视角下地方环境规制的对策建议

地方政府既是当地环境规制规则包括环境质量标准及排污标准的制定者，又与地方企业有着千丝万缕的联系，同时也是环境规制过程中企业与公众博弈的仲裁者。因此，地方政府能否切实履行以上职能，关系到地方政府环境规制的现实效果。需要建立相应的制衡机制，其中包括强化各个相关利益主体对政府规制行为的约束，以规范主体行为，提升环境规制绩效。

6.4.1 从可持续发展的高度出发，健全和完善地方环境规制的协作和制约机制

6.4.1.1 逐步完善地方官员晋升的政绩考核指标体系

中央政府、地方权力机构的政绩评价是地方政府激励的重要来源。改革开放以来，在中央强调经济增长与财政收入增加的考核导向下，地方政府有着强烈地促进本地经济增长的愿望和动力。传统的粗放型经济增长模式，建立在大量消耗能源和资源的基础之上，重经济利益而轻环境利益，在对国民经济增长做出贡献的同时也严重破坏了社会赖以生存的生态环境。当代人在实现当前发展和满足自己的需要的同时已经损害了后代人满足其发展和需要的能力。纠正这种与人类的可持续发展理念相悖的短期行为已是迫在眉睫的

时代要求。“十四五”时期应在建设服务型政府的导向下，完善体现科学发展观要求的评价体系，把对地方政府的评价标准从经济增长绩效逐渐转向人的全面发展。

建立地方政府环境规制的有效激励机制，必须改变过去单纯考核地方经济增长的做法，将资源利用、环境污染和生态破坏等经济活动的环境成本纳入传统的 GDP 核算，建立一个全面反映地方政府经济活动资源和环境代价的生态环境指标体系，并以此作为考核地方政府和官员政绩的重要内容。

6.4.1.2 完善相关的法律法规，建立健全地方环境规制的责任追溯机制

规制的责任追究制度考虑到现实中政府政策效应与资源环境问题之间的时滞性，有效约束地方环境规制中的短期行为，关键是要建立和完善地方官员的责任追溯制度，确立对违背社会利益的决策行为的政治与法律责任的有效追溯机制。相对于有限任期的地方政府，法律约束具有稳定性和连续性，可以产生稳定的跨时期约束效力，对地方环境规制中的短期行为可以进行有力约束。

6.4.1.3 建立有效的地方环保资金监管机制

在政府主导型经济增长模式下，地方官员更加倾向于将财政支出过度偏向基础设施建设等可以在短时间内体现任期政绩的领域，而有意或无意地忽视生态环境保护等投资生产具有长期滞后性的公共服务，导致了地方治理环境污染、维持生态平衡的资金投入长期低于社会的实际需求水平。因此，建立有效的地方环保资金监管机制，有利于约束地方官员的短期行为倾向，使地方环境规制落到实处。具体而言，一是环保资金的申请、项目审核及资金计划的下达和拨付等，都要建立起一套系统的制度体系；二是要注重对环保资金使用的有效监管，环保项目的执行要严格按照有关的财务规章制度、招投标管理规定，实行单项核算、专款专用，不得用于金融性融资及捐赠等与环保事业无关的支出；三是构建环境规制政策实施效果评估体系，保证环保资金从拨付到使用的全过程信息公开，在项目完成后，主管部门要组织项目评估与绩效鉴定。

6. 4. 1. 4　加强中央政府的宏观调控

中央政府关注整个国家的社会经济发展和环境改善，相对于地方政府追求本地区利益的局限性而言，中央政府的宏观调控具有长远性和全局性作用。对于地方政府环境规制失灵的纠正，离不开发挥中央政府的宏观调控。一是通过财政的转移支付对环境规制执行有力的地方政府给予补偿，并出台相应的优惠政策，包括产业扶持政策、人才培训和引进政策，面向环境规制实行有效的地区；二是通过设置跨地区的环境管理协调机构，协调地区间环境规制合作供给的各种利益冲突，实现地方代内利益与国家社会的代际利益相统一。

6. 4. 2　促进民间环保力量的发展

考虑到环境规制问题的复杂性和社会性，需要广泛的公众参与和社会合作。民间环保组织的发展，有三方面的意义：第一，可以形成社会群体与地方政府在利益表达和利益协调方面的有效渠道。民间环保组织在环境保护知识的专业性和现实效果上，可以对地方环境规制具体政策的出台和落实形成相应的补充，实现地方环境保护与经济可持续发展的双赢。第二，可以对地方政府环境规制中的短期行为进行监督。各利益相关群体共同参与，形成正式环境规制和非正式环境规制的有机结合，更能顺应“小政府、大社会”的改革思路，适应公民社会的发展，充分发挥非政府组织在地方环境规制中的作用，以弥补转型期地方政府在环境规制中的不足。第三，可以成为未来代人在当代的重要利益维护代表。由于代际市场的缺失，客观上造成地方环境规制中代际责任追溯机制和代际补偿机制的缺失，除了要求构建相应的法律机制的约束，也需要当代非政府力量的支持，建立关注将来各代利益的机构，在地方环境规制中，作为未来各代人利益的维护者，保证未来各代人的权利被认可和尊重。

6. 4. 3　信息公开和信息披露

由于能够在污染减排和提高执法与守法效率中起到重要作用，环境信息公开日益成为加强环境管理提高环境质量所必不可少的手段。通过多元化和多渠道的环境信息公开，不仅能够提高公众的环境意识，更有利于加强公众对企业排污行为和政府规制的监督，最终促使企业采取行动，降低污染排放。2008 年 5 月 1 日，国务院《政府信息公开条例》和环境保护部的《环境信息公开办法（试行）》于同日起实施，文件明确了信息公开的主体和范围，也规定了环境信息公开的方式，具有较强的针对性和操作性，详细地规定了环境保护行政部门公开政府环境信息的行为和企业公开环境信息的要求，具有里程碑式的意义，是环境信息依法公开新阶段的开始，旨在强制政府环保部门和污染企业向全社会公开重要的环境信息，为公众参与污染减排提供平台，对于公众了解政府环境规制和企业的环境守法情况，有着极为重要的作用。就我国近年来环境治理的现实情况而言，环境信息公开的程度仍然有很多的局限，要将信息公开制度落到实处，要求明确企业公开的义务，设置强制性的信息披露报告，将污染源控制情况、污染物排放和转移情况定期提供给政府，并由政府进行定期的监管和公开，为公众参与环境规制提供实质性的保证。

6.4.4 建立环境规制的代际补偿机制

6.4.4.1 公众参与的代际补偿

各代之间策略选择所面临的顺序和条件不同，界定了他们各自的行为方式。当两代居民之间没有重叠，因而也不存在一个交易市场时，理性的当代人预期到自己的投入得不到来自后代人的补偿，对环境规制的实施和监督通常会低于社会发展的合意水平；然而，当各代处于交叠的状态时，由于血缘关系，当代公众与后代人有着千丝万缕的天然联系，环境规制的代际补偿问题得到了一定程度的纠正，代际间有一个不完善的市场存在，虽然各代之间的对于环境规制的投入和补偿存在着时间和空间上的差异，但是相互之间能够形成相对有效的约束和激励，此时，一种合作而非竞争的行为方式有利于改进当代人对环境规制的供给效率。代际利益的协调是保证社会健康稳定发展的关键，环境规制中现实问题的解决，也需要配合相应的利益兼容的代际补偿激励。当代社会公众参与地方环境规制的过程，在选择环境和资源的可持续发展的同时，也意味着对短期内经济利益的放弃，可以通过设立代表未来各代利益和权利的专门机构和向后的代际补偿基金，对当代公众的现期投入进行相应的补偿，最大程度地发挥公众参与在地方环境规制中的潜力。

6.4.4.2　地区间环境规制代际合作供给的代际补偿

从可持续发展的高度出发，针对当前我国地区间环境规制合作困境，构建跨地区环境规制代际补偿机制势在必行。跨地区环境规制的代际补偿机制实质上是通过横向或纵向财政转移支付的方式，将跨地区环境治理成本在上下届政府之间、相关行政区之间进行合理的再分配，主要包括补偿主体与客体的界定及利益协调机制、补偿资金的测算及分配机制、补偿基金的筹集、使用和管理机制等基本内容。通过跨地区环境规制的代际补偿机制的设计，激励跨地区环境规制合作，是纠正地方政府环境规制失灵的有效保证。

第3篇

向后的代际公共品供给：老龄化背景下养老服务的供给困境及其治理

养老服务的供给困境主要体现为公共服务资源跨代配置的冲突所导致的供需失衡。养老服务的供给来自当期劳动年龄人口，主要包括当期的政府、社区、养老机构和其他社会公众；养老服务的需求方是基本退出劳动领域的老年群体。从总体上看，养老服务供给的照护资源和资金流向是单向的。当代人对上一代人的养老服务投入自己在当期是享受不到的，当代人在未来时期的养老福利除了取决于自己的积蓄之外，更多地需要来自下一代人的投入。因而，养老服务是惠及上一代人的"向后的代际公共品"。

社会转型背景下，代际支持由微观家庭层面外溢到宏观社会层面，养老服务的代际公共品属性日益凸显。由于代际外部性的不可避免、代际支持的激励不足、代际距离的双重扩大等因素造成的代际冲突，养老服务体系的构建面临着突出挑战。需要通过建立长期可持续的资金筹集机制、代际公平导向的激励约束机制、多方供给主体的协同联动机制、良性循环的代际互动机制，以及加强新时代孝道文化代际利他意识的伦理规范，综合构建可持续发展的养老服务代际支持体系。

基于此，本部分从代际公共品的角度审视养老服务供需双方的代际冲突，探讨中国社会转型背景下养老服务代际利益协调的途径。具体将围绕以下问题展开讨论：在社会转型背景下，养老服务的代际公共品属性是怎样界定和体现的？养老服务供需双方代际冲突的原因和相关表现有哪些？如何构建养老服务的代际补偿机制，以保证我国养老服务体系更加公平和可持续？

第7章 养老服务的代际公共品属性

7.1 老龄化背景下养老服务的发展

截至2019年底，全国60周岁及以上老年人口25388万人，占总人口的18.1%，其中65周岁及以上老年人口17603万人，占总人口的12.6%①，远高于老龄化社会判断的国际标准。我国社会日益增长的对高质量养老服务的需求，与养老服务现实供给的不平衡不充分，是进入老龄化社会所面临的突出矛盾。老龄化带来的经济与生活压力是青壮年群体与老年群体共同面临的问题，如何化解养老服务供需双方的代际冲突，构建可持续的代际支持机制，是近年来政策实践层面和理论研究领域面临的重大课题。

我国养老服务体系建设的不断探索与完善，是以人口结构的显著性变化和社会转型为大背景的。由于家庭养老功能弱化，代际支持由微观家

① 国家统计局：《中华人民共和国2019年国民经济和社会发展统计公报》，http：//www. stats. gov. cn/tjsj/zxfb/202002/t20200228_1728913. html，2020年2月28日。

庭层面外溢到宏观社会层面，养老服务的社会需求持续增加。

养老服务是典型的代际公共品。其投资和供给主体是当期处于劳动年龄的青壮年群体，而消费和需求主体则是已退出劳动领域的老年群体。随着人口老龄化的加剧，面临未富先老的资源约束和老年抚养比的不断增加，养老服务供需双方的代际冲突日益凸显，形成了转型期我国养老服务供给的现实困境。

中共十八大以来，党中央高度重视养老服务工作，深入研究我国人口结构演变规律，通过多项重要文件，作出一系列重要部署，明确了全面加强养老服务体系建设，化解养老服务供需矛盾，增强全社会养老服务供给的代际支持的积极态度和政策导向。

《中共中央关于全面深化改革若干重大问题的决定》指出，建立更加公平可持续的社会保障制度，积极应对人口老龄化，加快建立社会养老服务体系和发展老年服务产业。《“十三五”国家老龄事业发展和养老体系建设规划》明确提出要形成居家为基础、社区为依托、机构为补充、医养相结合的养老服务体系。中共十九大报告进一步提出，“积极应对人口老龄化，构建养老、孝老、敬老政策体系和社会环境，推进医养结合，加快老龄事业和产业发展”。这一系列重要文件，充分体现了党和国家协调养老服务供需矛盾的坚定决心和实践思路，为构建可持续的养老服务代际支持体系指明了发展方向。

7.2 养老服务是向后的代际公共品

养老服务是由当期劳动年龄人口提供的，与老年群体民生保障相关的各项物质生活和精神生活服务，具体包括对老年人的生活照料、医疗护理、文化娱乐、精神慰藉等各方面内容，其主要目的和功能在于提升老年群体的生活满意度与幸福度。

7.2.1 养老服务的代际关系是宏观的、社会层面的代际关系

“代”的含义在微观家庭层面与宏观社会层面的界定是不同的（吴帆、

李建民，2010）。前者是以血缘关系和婚姻关系为基准来划分的辈分；后者是指人们依照某一（或某些）共同的自然或社会特征，并以年龄为识别基准划分的社会群体归属。

微观的代际关系更多地体现为家庭代际财产转移、居住安排，或是亲代与子代相处的融洽程度，以及家庭内部的赡养与抚育的代际交换需求。宏观的代际关系，更多地体现为不同社会群体之间的代际冲突、代际交换和代际支持。

伴随工业化、城市化和现代化的进程，传统的家庭养老模式难以适应人口加速老龄化社会的养老需求，迫切需要社会养老服务支持和补充。养老服务的提供不以血缘或姻亲关系为基础，供求双方的代际关系更多地体现为社会层面的代际关系。

7.2.2 养老服务是惠及上一代人的“向后的代际公共品”

根据代际公共品产生效用的方向，可分为向前的代际公共和向后的代际公共品。前者指的是当代的公共品投资向将来各代转移，如教育、环保；后者指的是当代的公共品投资向上一代转移，典型的例子是与养老相关的保障和服务（Rangel，2003）。

从利益主体看，供求双方是处于不同“代”的经济主体。养老服务的供给来自当期劳动年龄人口，主要包括当期的政府、社区、养老机构和其他社会公众；养老服务的需求方是基本退出劳动领域的老年群体。

从利益流向看，总体受益指向是单向的。老年群体是养老服务的消费者和受益者，而养老服务的成本（包括照护资源和经济成本）主要由当期处于劳动年龄的成年群体负担。对于健康状况良好的老年群体，在一定时期内仍存在双向代际支持和代际交换的可能，但是伴随年龄上升，老年群体的代际交换能力会下降或消失，利益流向趋于单向；对于经济困难、健康较差甚至失能的老年群体，资金和照顾的利益流向则始终是单向的。

从总体上看，养老服务供给的照护资源和资金流向是单向的。当代人对上一代人的养老服务的投入自己在当期是享受不到的，当代人在未来时期的养老福利除了取决于自己的积蓄之外，更多地需要来自下一代人的投入。因而，养老服务是惠及上一代人的“向后的代际公共品”。

7.2.3 养老服务的代际公共品属性随着社会转型而日益凸显

在传统社会，我国的养老责任主要由家庭内部群体承担，“反馈式”养老模式主要体现的是“养儿防老”的微观代际关系。养老服务的公共品属性并不明显。

社会转型产生了对社会养老服务的迫切需求。从短期来看，家庭的代际支持与代内交换可以在某一阶段并存，即子代赡养亲代，亲代以经济或劳动的形式提供对子代的补偿，家庭代际支持呈现双向性。但是从长期看，随着父代年龄的增高和身体生理机能的下降，微观代际支持最终呈现由子代向亲代提供的单向性。

转型期普遍存在的小型家庭，难以单独应对单向代际支持的压力与风险。作为照顾者的子代，面临着工作与照料多位老人的双重压力，产生了强烈的社会养老服务需求，养老服务的代际品属性，随着社会转型的不断推进和人口老龄化程度的不断加深而日益凸显。

7.3 养老服务的代际外部性

外部性问题是市场失灵的重要表现之一。它是指某一经济主体（交易内部人）的活动造成了其他经济主体额外的收益或额外的成本，影响了其他经济主体（交易外部人）的福利水平，而没有通过市场机制（得到或给予）补偿。

7.3.1 养老服务代际外部性的主要特征

7.3.1.1 代际利益呈单向流动

从微观层面看，代际支持最终呈现由子代向亲代提供的单向性。在传统社会，我国的养老责任主要由家庭内部群体承担，“反馈式”养老模式体现为“养儿防老”为特征的微观代际关系。从短期来看，家庭的代际支持与代内交换可以在某一阶段并存，即子代赡养亲代，亲代以经济或劳动的形式提供对子代的补偿，家庭代际支持呈现双向性。但是从经济个体的整个老年阶段看，随着亲代年龄的增长和身体生理机能的下降，微观家庭代际支持最终呈现由子代向亲代提供的单向性。尤其是在退休金体系之外的农村老年群体，需要依靠经济互动和情感互动为主要变量的代际互动，缓解多维贫困问题。①

从宏观层面看，养老服务总体受益指向是单向的。老年群体是养老服务的消费者和受益者，而养老服务的成本（包括照护资源和经济成本）主要由当期处于劳动年龄的成年群体负担。对于健康状况良好的低龄老年群体，在一定时期内仍存在双向代际支持和代际交换的可能，但是伴随年龄上升，老年群体的代际交换能力会下降或消失，利益流向趋于单向。截至 2018 年 9 月，我国民政部已实现对经济困难的高龄、失能等老年人的高龄津贴全国省级层面全覆盖，此项制度惠及老年人 2680 万余名；全国已有 30 个省份施行了养老服务补贴制度，惠及老年人 354 万余名；已有 29 个省份建立了老年护理补贴制度，惠及老年人 61 万余名。这些养老服务制度和措施有效地提高了经济困难的高龄、失能等老年人的支付能力，减轻了他们的养老负担。但由于我国老年人口多，高龄、失能老年人比例高的具体国情，全面建立高龄、失能补贴制度所需资金巨大，地方财政支出仍然面临巨大压力。② 因而，从总体上看，养老服务供给的照护资源和资金流向是单向的。当代青壮年群体对老年群体的养老服务的投入自己在当期是享受不到的，当代青壮年群体在未来时期的养老福利除了取决于自己的积蓄之外，更多地需要来自下一代青壮年群体的投入。在这样的代际利益链接中，养老服务的代际外部性是不可避免的代际成本的单向转移。

7.3.1.2 代际外部性的承担者在决策中占主导地位

已有研究中，无论是正外部性还是负外部性，外部性的承担者通常只是作为“交易外部人”，被动接受作为“交易内部人”的外部性产生者的行为所带来的作用，并不能参与决策。

---

① 宋嘉豪、郑家喜、汪为：《养儿能否防老：代际互动对农村老年人的减贫研究》，载《人口与发展》2019 年第 6 期，第 96～106 页。

② 中华人民共和国民政部：《民政部对“关于提高高龄津贴和资金来源的建议”的答复》，中华人民共和国民政部门户网站，2018 年 9 月 14 日。

本书第2篇关于代际外部性的讨论，是对向前的代际公共品的代际外部性的讨论，更多关注当代经济主体的行为对未来代经济主体的影响，注重于当前行为向未来延伸而产生的外部性，探讨当外部性的“时滞”较长，超过一代人的存在时间时，上一代人或上几代人在生产和消费过程中造成的影响，使后代人为此付出或得到了额外的成本和额外的受益，使不同代在享受资源的机会上处于人为的不平等。

在这种情况下，当代经济主体作为“交易内部人”，是决策的制定和执行者，也是代际外部性的产生者；后代经济主体作为“交易外部人”，是决策后果的被动接受者，也是代际外部性的承担者。“交易内部人”的决策偏好通过时滞性影响到“交易外部人”的福利水平。因而，外部性的产生者处于决策的主动地位，外部性的承担者处于被动接受决策的地位。

养老服务的代际外部性却呈现出与以往研究结论截然不同的特征。在社会转型背景下，代际关系的发展出现了偏差，老年人在代际互动中的地位趋于弱化。青壮年群体则因其经济上、文化上的优势，在代际互动决策中居于主导地位。

养老服务的供给，造成了老年群体养老服务成本向青壮年群体的转移。代际外部性的承担者是处于劳动年龄人口的青壮年群体，他们是现期决策的制定和执行者，其自身的利益偏好很容易在决策时被优先考虑；代际外部性的产生者是已经基本退出劳动领域的老年群体，更多的是作为养老服务决策的接受者。因而，在养老服务供需双方的代际利益关系中，代际外部性的承担者处于决策的主导地位。当这种代际外部性对他们的利益造成了挤出或压力的时候，决策者很可能会产生消极供给的行为反应。

7.3.2 养老服务代际外部性的产生机理

代际的紧密依存、代际利益关系失衡以及代际补偿机制缺失，是导致养老服务代际外部性的主要原因，由此造成了养老服务供给主体的短视倾向和消极供给。

7.3.2.1 代际依存关系紧密是代际外部性产生的客观条件

代际的关系表明，代与代之间是相互依存的，一代人不能脱离另一代人而孤立的生存下去，代际的相互依存关系是养老服务代际外部性产生的客观条件。

在现实中表现为劳动年龄人口对老年人口提供的与养老服务相关的物质资源与人力资本的供给。从现实资源的流向看，养老服务也有现收现付的特点。当期劳动年龄人口进入老年期的时候，不能寄希望于上一期的老年群体为其在上一期的养老服务投入提供补偿，当期劳动年龄人口在老年期的养老服务需求，必须通过下一期的劳动年龄人口的供给。

代际的相互依存性，在微观层面体现为家庭中父母“抚养子女”和子女“赡养父母”的关系；在宏观层面则体现为不同代际成员之间的社会关系及动态的、连续的代际更迭。代际的相互依赖产生了代际责任。

未成年群体的教育公共服务和人力资本投资需要依赖青壮年群体；当青壮年群体逐渐进入老年期之后，客观上产生了依赖当期青壮年群体提供养老服务的需求，主观上也产生了希望获得其在青壮年时期人力资本付出的回报和社会认同的强烈愿望。

7.3.2.2 代际利益关系失衡是代际外部性产生的直接原因

伴随着人口老龄化程度的不断加深，抚养比的不断攀升，现有劳动年龄人口对老年人口的代际抚养负担持续增加，养老服务的代际利益冲突加剧，对老年群体的代际支持面临严峻挑战。

退休人口的不断增加，老年人的低收入水平与高医疗支出形成的缺口，不仅是老年人本身的经济困扰，也给年轻一代造成了经济负担和压力。

由于人口结构的不断老化，老年人口增多，后代人要为更多的老年人提供养老服务的社会财富和人力资本，从而影响到其他年龄组代际成员的消费水平，造成代际间利益关系的失衡。

普利斯顿（Preston，1984）利用相关数据考察了养老支出对社会福利的代际影响。1977 ~ 1983 年，美国联邦政府对老年群体的支出的增加额，相当于从当期美国 15 岁以下儿童人均转移支出超过 2000 美元，也几乎等于 1960 ~ 1981 年整个时期增加的女性劳动力的总产出额。人口结构的变化导致不同阶段的劳动年龄人口承担不同的养老负担，并且随着人口结构的老化而呈现加重的趋势。

未成年人口和劳动年龄人口在资源的代际分配中利益受损，导致了代际利益关系的失衡，是养老服务代际外部性产生的直接原因。

7.3.2.3 代际补偿机制缺失是代际外部性产生的深层原因

在代际交叠经济中，老年人退出劳动力市场和生产领域，以消费者的身份参与社会财富和资源的分配，并且受到健康水平和经济能力下降的条件约束，养老服务在形式上体现为社会资源向老年群体的单向转移和投入。代际负担不能通过市场机制有效补偿，是养老服务代际外性的深层原因。

中国传统家庭养老中的代际资源配置模式是封闭式的。养老供给以血缘关系为基础和约束，供求主体的对应关系明确。子代赡养亲代的付出，可以通过继承遗产、接受代际财产转移、接受亲代的家务劳动付出等方式得以补偿，是一种封闭式的资源配置模式。反馈式的家庭养老模式的代际交换关系明显，养老投入与补偿机制相对平衡，有利于代际外部性的内部化，是家庭养老模式得以长久延续的原因之一。

社会转型背景下，养老服务供需的资源配置模式是开放式的。养老服务的供给是社会资源在社会保障制度的支持下，在不同代际成员之间的配置，供求主体是群体性对应的关系。并且，由于生命过程的不可逆以及经济支付能力的约束，老年群体在当期消费了养老服务的公共投入之后，无法在下一时期提供回报。代际资源配置模式是开放式的转移模式，代际投入与补偿机制不能保持平衡，劳动年龄人口承担了来自老年人口的养老服务成本转移。在现实中即体现为政府养老服务支出面临的财政压力，并伴随老龄化的加深而不断加重。

| 第 8 章 |

养老服务资源配置的代际冲突与破解思路

8.1 已有文献关于养老服务资源配置代际冲突的讨论

自 20 世纪 70 年代中期以来，由于养老服务代际成本转移负担的持续加重，一些西方发达国家的经济增长和社会发展受到人口老龄化的冲击。由社会层面的养老支持所产生的代际资源配置冲突问题逐渐为学者们所关注。罗伯特（Robert，1974）基于美国选举政治，预期美国老龄化趋势将会导致老年权力（senior power）在未来的选举中发挥决定性作用，联邦政府的资源配置政策将受到显著影响，政府政策会更加倾向于老龄化福利项目，经济的增长也会因此受到负面影响。普利斯顿（Preston，1984）认为，养老金和医疗保健的成本增长会过度偏向公共转移，使工作年龄人口负担过重，引发“代际冲突”。养老服务的支出抑制了教育的投入，而教育投入的不足会使得不熟练劳动技能的工人增加，继而失业、退休人数增多，产生更大的养老保障需求，造成整个社会养老负担增加、经济衰退的恶性循环。哈珀和汉姆布林（Harper and Hamblin，2014）指出，健康的生活方式和医疗技术的不断提高，不仅会增加人们的预期寿命，还能够使人们即使遭受疾病、失能的情况，仍然可以将寿命维持长久。“老龄化问题”给宏观经济发展以及公共政策带来了巨大挑战，抚养比率的攀升、老年护理的“赤字和债务”资金、医疗费用迅速增加，相当于代际的“负担转移”，会导致经济活力下降，所有这些因素在经济下行或萧条时期会造成社会问题的加剧。

作为一个发展中国家，我国社会自2000年开始进入老龄化社会，人口老龄化水平的迅速提高形成了“未富先老”的局面，公共财政、社会福利以及社会代际关系，面临突出挑战，促使养老服务的代际问题研究在社会转型背景下有了进一步发展。

王跃生（2008，2016，2017）对中国家庭代际功能关系做了系统的梳理和归纳，指出传统社会的代际关系主要体现在家庭中的功能性代际关系，包括责任、义务、权利、交换和情感。而在社会转型时期，伴随人口结构和社会环境的变化，家庭代际功能关系也发生了变化，子代对亲代的赡养责任和义务，虽然在形式上被保留，但却有弱化表现，家庭养老需要来自社会层面的支持。

彭希哲、胡湛（2011，2018）指出，趋于老化的人口结构形成了对现有社会保障体制的压力，也带来了对文化传统的冲击，代际矛盾和冲突成为老龄化背景下的凸显的社会问题。

吴帆（2008，2010）、李建民（2010）指出，在中国人口转变和社会转型并进的复杂背景下，以“孝”文化为核心的中国传统的家庭内部代际资源配置方式的功能趋于弱化，代际关系日益呈现社会化特征，微观的代际资源转移方式难以继续满足老龄化社会资源的配置的需求。吕晓莉、李志宏（2014）分析了我国人口老龄化和老年抚养负担的增加，可能带来代际财富分配、就业和养老、代际关系调节制度、代际公共服务资源分配、代际价值观和代际利益诉求等一系列代际矛盾和问题，并提出了做大代际财富分配蛋糕，逐步延迟退休年龄，改革社会保障制度，推动公共服务结构性调整，增强代际文化认同，创新老年人社会管理体制等社会代际矛盾治理的对策。孙涛（2015）研究了儒家孝道影响下的代际支持和养老问题，指出发展社会化、市场化加家庭的整合式养老模式，取代家庭养老保障的主体地位，对养老服务主体进行必要的功能分划，使社会、市场和家庭的保障互补互益，是适应老龄化社会需求的有效选择。李俏、马修·卡普兰（2017）论证了代际策略对应对老龄化社会问题的现实价值，指出老龄化未必只带来代际冲突和竞争，相反，将“老年友好”与“青年友好”相融合的代际策略，能够通过代际项目，结合社区或部门的实际需求和能力，构建代际互动平台，形成老年和青年多主体参与的服务机制和激励机制，从实现照料能力提升、教育体系完善和社区凝聚力增强等多方面提高不同代际群体的生活质量，是积极应对老龄化问题的思路。简言之，养老服务的代际外部性与代际资源的配置冲突是紧密相关的，对经济社会和谐可持续发展的影响不容忽视。探讨社会转型背景下养老服务代际外部性的治理对策，对于如何实现和构建可持续的养老服务体系至关重要。

已有文献讨论了人口老龄化产生了代际资源配置的矛盾及其协调思路，为我们认识养老服务的代际外部性问题提供了基本洞见。但养老服务资源配置的代际冲突问题，仅仅是养老服务的代际外部性问题的现实表现，对养老服务的代际公共品属性以及与此相关的代际外部性产生的内在原因和治理途径，仍需要进一步深入分析。

8.2 社会转型背景下我国养老服务资源配置的代际冲突

8.2.1 伴随日益严峻的老龄化趋势而不断凸显

判断一个国家或地区进入老龄化社会的国际通用标准是，该国家或地区60岁以上年龄人口占总人口比重达到10%，或65岁以上年龄人口占总人口比重达到7%。由表8-1中数据可以看出，我国自2000年进入老龄化社会，老年人口占比不断提高。截至2017年底，65岁以上年龄人口占总人口比重已上升为11.4%。人口老龄化将成为我国社会发展的常态。并且，由于生活水平的普遍提高、医疗卫生条件的改善和技术进步，我国居民平均预期寿命的显著延长。新中国成立初期，我国人口的预期寿命仅为35岁①，而2017年

① 《中国人口现状》，中华人民共和国中央政府网站，2005年7月26日。

这一数字已跃升至76.7岁①。与此相应的，是生育率的显著变化。计划生育政策的实施成功地实现了对自发的人口高增长的控制，20世纪90年代后，人口自然增长率持续下降。1998年人口自然增长率首次降到10‰以下②，从2000年开始，伴随着经济社会的发展、妇女劳动参与率的提高，以及生育观念的变化，我国人口自然增长率显著下降，更加速了中国社会的老龄化进程。

社会转型背景下的人口增长模式形成了头重脚轻的代际链，养老成本的代际外溢日益增加且呈明显的上升趋势。不断增加的老年人口规模，对长期照护、医疗卫生等公共服务和社会资源提出了更高的要求，养老服务供需缺口巨大。由于成本代际转移而产生的代际外部性，成为构建养老服务体系所面临的突出问题。

表8-1　中国人口与老龄化变动情况对比（2000~2017年）

项目	2000年	2005年	2008年	2009年	2010年	2011年	2012年	2013年	2014年	2015年	2016年	2017年
65岁以上人口比重（%）	7.0	7.7	8.3	8.5	8.9	9.1	9.4	9.7	10.1	10.5	10.8	11.4
15~64岁人口比重（%）	70.1	72.0	72.7	73.0	74.5	74.4	74.1	73.9	73.4	73.0	72.5	71.8
人口自然增长率（%）	0.758	0.589	0.508	0.487	0.479	0.479	0.495	0.492	0.521	0.496	0.586	0.532
居民平均预期寿命（岁）	71.40	72.95	—	—	74.83	—	—	—	—	76.34	76.50#	76.70#
老年抚养比（%）	9.9	10.7	11.3	11.6	11.9	12.3	12.7	13.1	13.7	14.3	15.0	15.9

资料来源：根据《中国统计年鉴2018》《2017年我国卫生健康事业发展统计公报》数据整理。

① 《2017年我国卫生健康事业发展统计公报》，中华人民共和国国家卫生健康委员会网站，2018年6月12日。

② 《中国人口现状》，中华人民共和国中央政府网站，2005年7月26日。

8.2.2 伴随代际抚养负担的持续加重而冲突加剧

老年抚养比是反映代际抚养负担的重要经济指标。它指的是非劳动年龄人口数中的老年部分人口，对社会现有劳动年龄人口数之比，表明每 100 名劳动年龄人口所要负担的老年人口数。由于生育持续保持较低水平、老龄化速度迅猛，我国劳动年龄人口的老年抚养负担持续加重。表 8 - 1 中数据显示，15 ~ 64 岁劳动年龄人口的比例呈下降趋势，由 2010 年的 74.5% 回落到 2017 年的 71.8%。并且，相关研究预测，在 21 世纪上半叶，我国劳动年龄人口比例都将呈现较为快速的下降趋势。

与此相关的是老年抚养比的持续快速攀升，从 2010 年的 11.9% 上升到 2017 年的 15.9%。据预测，这一指标在 2055 年将突破 50%。[①] 西方福利国家的已有经验表明，在社会资源既定的情况下，一代人的消费将会对其他代的消费产生制约，加剧代际矛盾冲突，这也正是全球老龄化社会普遍面临的治理困境。中国人口老龄化在很大程度上是由于生育率急剧下降造成的，老龄化速度之快，超前于经济发展，养老服务的社会资源严重紧缺。

代际抚养负担的持续增加，将在相当长的时间内改变资源配置的格局。官方相关预测显示，预计在 2015 ~ 2050 年，我国全社会用于养老、医疗、照料、福利与设施方面的费用占 GDP 的比例，将由 7.33% 增长到 26.24%，增长 18.91 个百分点[②]。社会资源通过生活保障和医疗计划向老年群体倾斜，老年人口规模和财政负担的日益增加，很可能带来代际资源配置的冲突加剧。

8.3 代际视角下养老服务供需失衡的原因

8.3.1 代际激励不足导致了养老服务供给的短视倾向

在代际交叠经济中，养老服务在形式上体现为资源向老年群体的单向转移

① 翟振武、陈佳鞠、李龙：《2015 ~ 2100 年中国人口与老龄化变动趋势》，载《人口研究》2017 年第 4 期，第 60 ~ 71 页。

② 《到 2050 年老年人将占我国总人口约三分之一》，新华网，2018 年 7 月 20 日。

和投入，对当期供给主体的代际激励不足，因而不可避免的导致了养老服务供给中的短视倾向，成为养老服务供给的瓶颈性制约。主要体现在三个方面：

8.3.1.1 对老年群体的利益和需求的忽视

社会转型对传统的代际关系带来了冲击，劳动年龄人口在社会资源分配中占据主体地位，在当期的公共选择过程中，市场经济主体的趋利动机和短视倾向会使得他们优先考虑青壮年群体的利益，而忽视已经退出劳动领域、处于弱势地位的老年群体的利益。

8.3.1.2 养老服务资源的投入不足和运营短视

养老服务项目利润低、回报周期长、服务专业化要求强，使得养老服务的投资激励不足，运营发展受到制约。民间资本更加倾向投资高利润、高周转的新生项目或优势产业。养老服务机构的市场活力不足。以养老地产为例，如何解决服务与盈利之间的平衡，仍然是多数房企面临的困境，养老服务的现实供给与初始理念仍存在较大的差距。

现阶段，我国养老服务的社会成本主要由政府兜底，只能满足部分老年人的基本养老需求，并且随着老龄化进程的加速，当期的政府面临财政和资金投入的压力，蕴含了巨大的社会风险。

8.3.1.3 养老服务专业护理人才紧缺

中国健康养老产业发展报告（2016）的数据显示，我国现有养老机构护理人员不到30万人，而按照3位老人需要1名护理人员的国际公认老年人照护标准计算，我国需要的养老护理人员数量大约在1000万人，护理人才缺口高达900多万人。

养老人才的供给与需求严重失衡，矛盾突出。除了福利待遇较低，抑制了年轻群体的从业愿望之外，长期以来，高校和社会对于老年护理专业教育以及人才培养的投入力度不够，也是导致老年护理人才紧缺的一个重要原因。

8.3.2 代际距离的扩大导致了养老服务的供需偏差

代际距离的扩大包括微观层面代际居住距离的扩大与宏观社会层面代际

精神距离的扩大。二者相互作用，已成为转型背景下养老公共服务供给不足问题的两个方面。

8.3.2.1 代际居住距离扩大

社会转型带来的人口在城市之间和乡城之间的大规模流动，扩大了家庭微观层面子代与亲代之间的代际居住距离。已有数据显示，伴随家庭成员离开户口所在地出外上学、就业行为增加，我国老年群体的独居现象逐年增多。1982 年、1990 年、2000 年和 2010 年，城市 65 岁及以上老年人独居（包括夫妇二人和单人户）比例分别为 24.63%、26.23%、38.42% 和 46.41%，农村为 25.91%、26.29%、31.01% 和 39.08%。至 2010 年城市 80 岁以上老年人独居比例超过 40%，农村也在 30% 以上。①

8.3.2.2 代际情感距离扩大

代际居住距离的扩大，加上社会转型带来的观念的转变，社会宏观的代际精神距离也随之扩大。作为养老服务供给主体，当期青壮年群体对老年群体的代际利益诉求缺乏充分的理解和关注，养老服务供给与社会期望和需求之间存在明显的结构性偏差。成为养老公共服务供给不平衡、不充分的重要原因。在养老诉求方面，老年群体对于“养儿防老”观念的认同度依然很高，而青壮年群体对该观念的认可度已经出现了一定程度的淡化，有着更为显著的社会养老倾向。

养老服务供给更偏重于硬件和基础设施的投入，重形式，轻服务。曾一度以老年服务床位数的增加来体现养老服务水平的提升，“其结果就是导致了一个床位数和空床率同时快速增加的怪圈”；另根据 2014 年中国老年社会追踪调查（CLASS）数据，老年人的精神慰藉需求得不到满足，老年群体的孤独感问题突出。失能老人中有严重孤独感的比例为 3.6%，重度失能老人更是进一步上升到 9.7%。②

① 王跃生：《社会转型及其对中国当代家庭的影响》，载《中国高校社会科学》2017 年第 5 期，第 58～68 页。

② 杜鹏、孙鹃娟、张文娟、王雪辉：《中国老年人的养老需求及家庭和社会养老资源现状：基于 2014 年中国老年社会追踪调查的分析》，载《人口研究》2016 年第 6 期，第 49～61 页。

8.4 构建养老服务的代际支持体系的实践途径

资源配置的代际冲突，严重制约了转型期我国养老服务体系的建设和发展。对养老服务供需双方的代际冲突问题进行政策调整，构建可持续的养老服务代际合作机制，推动养老服务公共事业的发展，是新时代积极应对老龄化、建设中国特色社会养老服务体系的紧迫要求。

在代际相互依存的客观条件下，针对人口结构不断老龄化带来的代际利益失衡和代际补偿缺失问题，需要从多方面入手，构建养老服务供给的激励和约束机制，实现对养老服务代际外部性的有效治理。

8.4.1 鼓励社会资本的广泛参与，建立长期可持续的养老服务资金筹集机制

由于代际受益单向性导致的代际激励不足问题，如何实现可持续的资金筹集，是构建养老服务体系的现实挑战。加速老龄化背景下，现存的养老服务资金和服务短缺压力巨大，仅依靠政府的公共筹资机制和财政投入很难支撑，需要鼓励社会资本的广泛参与，优化社会资源配置，减轻政府的财政负担。

养老服务供给代际激励不足问题的解决，可以从加强代内的公共政策引导和扶持入手。

8.4.1.1 放宽市场准入

进一步简化行政审批程序，降低民间资本进入养老服务行业的门槛，减少养老服务供给的制度成本；通过税收、补贴等优惠手段，着力完善对民间资本进入养老市场的财政支持和政策扶持。

8.4.1.2 鼓励设立养老服务专项基金

拓宽投融资渠道，鼓励银行、保险等金融机构针对养老服务提供多样化的信贷支持、保险项目及金融产品创新，引导个人的合理储蓄和养老规划；

此外，鼓励发展社会救济、慈善捐助形成补充基金，为养老服务提供可持续的资金支持。

8.4.1.3 充分运用政府购买模式

借助 PPP 模式，政府通过购买服务的形式保障基本养老和特殊人群养老需求，并鼓励社会资本提供多层次多元化的养老服务，实现政府和社会资本合作支持养老服务产业发展，降低养老服务发展的融资和运营成本。

8.4.1.4 探索和创新长期护理险

在深度老龄化、高龄化、失能化日益攀升的情况下，探索和创新长期护理险，是完善养老服务体系建设的重要任务。要设立长期护理保险基金，在长期照护类的商业保险基础上，逐渐发展针对老年群体的慢性病负担和失能老人刚性长期照护需求的，与基本医疗保险制度适度分离的长期护理保险制度。通过长期护理保险制度的不断探索和完善，引导长期护理服务与一般性养老服务供给的逐步分离，既可以加强不同服务的针对性，也可以减轻养老服务的运作负担。

8.4.2 加强公共政策的引导监督，强化代际公平的养老服务长效激励约束机制

社会的发展，离不开老年群体在上一时期的人力资本贡献，养老服务的代际公平，强调老年群体在当期的经济机会、社会地位和福利待遇的公平，需要公共政策的支持。政府作为公共利益的维护者，有责任通过公共政策的引导和监督，调整资源代际配置的市场失灵。既要协调社会群体的利益关系，激发和引导青壮年群体为老服务的积极性，也要抑制部分人的短视倾向和逐利动机，防止社会对老年群体利益的排斥或剥夺。通过加强公共政策的顶层设计，在代际公平导向下形成养老服务的长效激励和约束机制。

8.4.2.1 加大养老服务财政投入，明确代际公平的资源配置政策导向

及时根据人口老龄化带来的公共服务需求的结构变化，调整养老服务供给结构，大力发展为老公共服务。

8.4.2.2 全面放开养老服务市场的同时，加强对养老服务机构运营的监督管理

2019 年 1 月，民政部取消养老机构设立许可申请，并规定各级民政部门不得再实施许可或者以其他名目变相审批。这一政策对鼓励社会力量参与养老服务是有效的激励，政府的工作重心更应转移到对养老服务供给过程的监管。要规范社会资本的运营，加大监督与处罚力度，克服社会资本运营的短视倾向和盲目逐利的行为。健全养老服务机构评级、降级机制以及黑名单管理制度；逐步建立以服务为核心的标准体系，运用信息化手段支撑养老服务质量的认证、评估；建立老年群体及家人的信息反馈和服务质量评价平台，通过多种途径强化政府规制、社会监督与机构自我约束的长效激励约束机制。

8.4.2.3 在全面提升养老服务从业人员的薪资待遇、发展职业规划的同时，加强对从业人员的职业规范和监管力度

养老服务人员待遇水平低、职业认同感低、社会认可度低，是造成目前养老服务从业人员巨大缺口的主要原因。因此，要大力提高养老服务从业人员的薪资待遇、社会福利，并发展职业规划，提升养老服务就业岗位的社会价值，以增强青壮年群体的为老服务就业愿望和积极性。同时，也要重视职业规范和约束强化，以增加从业者放弃工作的机会成本，增强对为老服务工作的重视程度和职业认同感。要配合专业服务考核与严格职业规范，凡有欺老、虐老行为的人员将不得再继续从事相关工作，取消从业资格；注重对人员的专业技能、职业操守的培养和职业规范，构建养老服务专业人员的社会化培养体系和职业化发展体系。

8.4.3 促进供给主体的密切合作，形成多维有效的养老服务协同联动机制

社会转型背景下养老服务代际利益关系的失衡，决定了任何一方供给主体都很难单独承担养老服务的代际责任，需要政府、市场和社会力量的共同参与。现阶段强调的大力发展“居家为基础、社区为依托、机构为补充、医养相结合”的养老服务模式，正是与养老服务代际支持的需求相呼

应。大力发展“居家为基础、社区为依托、机构为补充、医养相结合”的养老服务模式，打破了养老服务作为代际公共品所产生的局限，政府与市场力量相结合，养老功能的联合发挥，能够较好地促进公共资源的有效跨代配置。养老服务虽然是宏观层面的代际资源交换关系，但由于老年群体已经逐步退出生产领域，代际转换能力趋于弱势，因而养老服务的代际支持的强化，更依赖现期的供给主体的代内互动。构建多元参与的养老服务协同治理体系，促进多方主体联合发挥养老服务功能，有利于提高公共资源的跨代配置效率。

8.4.3.1 充分发挥社区的依托作用，精准提供养老服务

从代际维度看，养老服务资源配置处于一个开放模式，容易导致权责主体的模糊对应。社区范围的养老服务的供需双方对应明确，可以较好地克服养老服务公共权责模糊的局限和信息不对称问题，为社区范围内的老年群体提供较为精准的服务。并可以借助社区平台，探索以“互助养老积分”“时间银行”等方式和理念，实现代际外部性内部化的有效途径。以社区服务为依托，优化养老服务的代际资源配置方式。

8.4.3.2 大力发展社区居家养老服务，为家庭养老提供社会支持

居家养老仍然是现阶段大多数老年群体的养老愿望和期待。大力发展社区居家养老服务，通过功能设施配置、提供助餐、助洁、助浴、助医等日常照护服务、“互联网＋”配套服务、居家养老咨询服务等手段和途径，充分利用社区资源，满足多元化、多层次的居家养老服务需求，能够较好实现传统家庭养老的福利模式在转型社会的持续和延伸。

8.4.3.3 充分发挥机构的补充作用，探索创新型“医养结合”养老模式

按照谁投资、谁经营、谁受益的原则，稳步发展机构养老。养老机构可以从探索“医养结合”模式创新入手，对社区养老和居家养老形成有力补充。借助互联网信息平台和政策扶持，通过养老机构增设医疗服务资质、与医疗机构签订合作协议、家庭医生服务等方式，探索以全科医疗服务与机构养老服务为基础的医养结合模式，并逐步向社区和家庭深度融合，以满足老年群体的医疗需求和健康管理需求。

8.4.3.4 引导多元养老服务供给的有效结合，健全养老服务网络

单纯依靠政府和社会提供的养老服务，无法满足老年人的亲情化和个性化需求。必须通过合理的规划和政策指导，构建政府、社区和家庭在养老服务中的共担互补协调机制。社区范围内的代际资源配置介于家庭和社会之间，具有一定的封闭性和较为明确的针对性，对于将代际外部性内部化能够发挥积极作用。以居家为基础，依托社区资源，将居家养老与社会服务相结合，既能通过就地养老降低养老成本，满足老年群体对家庭的情感依赖和精神慰藉需求，也能在社区范围内通过舆论监督和反馈机制调节代际利益关系的失衡。同时，充分利用机构养老的服务补充，满足老年群体的生活照料需求，有效弥补转型背景下核心家庭提供养老生活照料的不足。在此基础上，推进医疗服务与养老服务的有效融合、满足老年群体的健康需求，是养老服务发展的重点。

8.4.4 扩大老年群体的社会参与，构建良性循环的养老服务代际互动机制

鼓励健康条件良好的老年群体通过付出劳动参与社会活动，在代际互动过程中实现自身的社会价值。既可以帮助老年群体适应生命周期的过渡，缓解快速老龄化带来的社会抚养比增大的压力，也符合积极老龄化的理念倡导，以实现老有所为的精神需要和健康生活的目标，是构建可持续的养老服务代际互动机制的现实选择。

8.4.4.1 政策推动，搭建老年群体社会参与平台

作为代际合作的主要推动力量，政府在政策制定方面，亟须加强顶层设计。充分利用老年群体的社会经验和专业知识，开发老年群体的人力资源，根据老年群体年龄、健康状况、受教育程度、社会地位等个人情况，因地制宜搭建老年群体生活参与的平台，支持老年人积极参与基层社会治理和民生服务的各项工作。

8.4.4.2 信息支持，拓宽老年群体社会参与渠道

通过引导教育、信息资源向老年群体转移，培养老年群体使用和获取现

代化网络资源的基本技能，打破老年群体对社会信息获取的限制；通过建立老年群体人才信息库，组建老年人才市场，疏通社会对老年群体人力资源获取的信息渠道。以信息技术为支撑，探索养老服务的代际补偿途径。借助新一代信息技术的快速发展，养老服务的代际补偿从概念开始走向实践。我们可以尝试通过推进“互联网＋养老服务信息”的模式创新，充分利用智能设备、软件平台、大数据分析，为类似“时间银行”等互助养老模式构建养老服务供给的信息储存与资源整合的平台，为当代青壮年个体所贡献的养老服务时间和资源进行统计，当其在未来时期有所需要时可以及时合理兑换，促进养老服务代际补偿的良性循环和长效发展。

8.4.4.3 协同共建，密切不同群体的代际合作

社会层面的代际合作，需要家庭、社会组织和政府的多元参与和协同共建。在家庭层面，应当鼓励老年人适当参与家庭活动与家务管理，增强老年人在家庭中代际交换的能力；在社区层面，积极探索和拓展老年群体发挥社会作用的领域，鼓励老年群体参与社会矛盾调解、互助养老、社会公益活动，丰富老年群体的精神生活；在政府层面，通过政策引导，大力发展社会适老环境的建设和增强对老年群体社会参与的鼓励。

8.4.4.4 制度保障，注重老年群体的权利维护

老年人的健康和福祉不仅取决于所能获取的经济和社会资源的影响，而且要受到老年人本身在所处的社区生活、相关工作以及其他生活领域的相对的“社会地位”的影响。我们不仅要关注老年人的健康和护理问题，更要注重通过制度保障，维护老年人平等生活和生活参与的权利。

8.4.5 注重孝道文化的现代价值，形成孝老、敬老的养老服务社会文化环境

养老服务代际外部性的治理，不仅是经济问题，还是重要的道德伦理问题。养老服务的实践如何在家庭、社会与政府之间进行平衡，不仅需要激励机制，更加需要道德伦理的规范和约束。社会转型背景下，针对现代家庭结构和生活方式的转变带来的代际关系社会化，应更加注重挖掘传统孝道文化

的现代价值，倡导代际利他的养老服务理念。以“孝”文化为引导，形成尊老敬老的代际支持文化氛围。既要为家庭养老提供伦理规范，又要为社会养老服务提供明确的价值导向，成为构建新时代中国特色新型代际关系和代际支持的重要规范和制度安排。

8.4.5.1 微观层面，以养亲、尊亲，为家庭代际关系调节的基本要求和伦理规范

子女不仅要履行赡养父母的义务，更要在处理家庭代际关系的过程中，注重孝道文化的伦理规范，尊重父母，促进家庭代际团结，建立幸福和睦的新型家庭代际关系，形成尊老敬老的社会文化氛围。

8.4.5.2 宏观层面，以孝老、敬老，为社会养老服务实践的行为准则和价值导向

要加强孝道文化建设，通过社会文化舆论引导，营造爱老敬老的社会环境。更要注重养老服务相关供给主体孝老、敬老意识的培养，将为老服务作为传承中华美德的实践和个人价值的体现，建立养老服务代际支持的伦理激励和约束机制。针对养老服务的强烈社会需求和无法避免的代际成本外溢问题，我们应更加注重挖掘传统孝道文化的现代价值，通过政策宣传和舆论教育，发挥“孝”文化的积极引导，使经济个体充分认识到，在代际交叠和代际依存的背景下，“孝”文化的传承和发展既是当期的“利他”也是未来时期的“利己”。从道德层面淡化经济个体对代际补偿的刻意追求，倡导和强调代际利他的养老服务理念。

第9章 养老服务的代际补偿机制构建：基于农村社区互助养老的实践

互助养老是现代养老服务体系的重要组成，是在代际互惠和劳务代际接力的基础上产生养老资源、服务的代际传递，因而也最能充分体现养老服务代际利益关系。我国农村社区互助养老实践中代际补偿机制研究，是对探寻养老服务代际补偿机制构建的有效切入点。

9.1 研究背景与问题的提出

9.1.1 我国农村互助养老的发展背景

中国人口老龄化趋势日益严峻，且农村老龄化速度超过城市，预计到2030年将高出5个百分点；到2050年将高出近10个百分点。① 人口老龄化加速背景下，由于家庭养老的功能削弱和社会

① 李实：《中国农村老年贫困：挑战与机遇》，载《社会治理》2019年第6期，第44页。

养老模式的缺失，中国农村养老压力日益凸显。面临未富先老的挑战，破解养老问题的关键在于建立起低收入老龄化群体的自我保障体系（李海舰，2020）。城乡二元体制背景下，农村老年人口的养老主要依靠来自家庭内部的代际支持。城市化进程推进了社会结构转型，家庭层面的代际支持逐渐转向社会层面的代际支持（吴帆，2010）。人口老化日趋严重，独居、空巢、高龄老年人的养老照护供给不足，失能老人面临生存窘境（黄枫，2016），“养儿防老”的传统模式难以持续。相关实证研究表明，“社会养老”逐渐对传统“家庭养老”产生了一定程度的替代，但当前效果有限，中国农村的“社会养老”模式仍然有待进一步完善（张川川、陈斌开，2014）。根植于中国农村地区长期形成的邻里互助、宗亲会等传统互助文化，互助养老模式与农村现状相契合，被视为未来中国农村养老的出路并为政府所认可。

中共十九大报告从实施乡村振兴战略和健全乡村治理体系角度指出要构建老年人关爱服务体系。中共十九届五中全会进一步将积极应对人口老龄化上升为国家战略，明确指出积极开发老龄人力资源、支持家庭养老功能、发展互助性养老，为“十四五”时期农村养老事业发展指明了方向。

农村社区互助养老，是以村委会或社区居民委员会为组织依托，以村落、村庄或新型农村社区为载体，通过政府支持、多元参与的形式，采取因地制宜的模式搭建互助养老平台，实现社区内老年人的在生活照护和精神慰藉等方面的互惠互助，尤其提倡健康状况较好的低龄老人对需要照护的高龄老年人的帮助。农村社区互助养老实践探索，是“‘后乡土社会’村民依靠自身力量探索解决自身养老困境的一种新模式”（杜鹏、安瑞霞，2019），契合了积极应对人口老龄化的国家战略导向和农村老年群体就地养老的现实需求，将是“十四五”时期农村养老事业发展的重要内容。

根据第四次中国城乡老年人生活状况抽样调查数据，2015 年，全国老年人口中，低龄（60～69 岁）老年人口占 56.1%，中龄（70～79 岁）老年人口占比 30.0%，高龄（80 岁及以上）老年人口占比 13.9%。这表明，当前中国老年人口内部年龄结构相对年轻，低龄老人占比高于 50% 的警戒线，老龄社会巨大人力资源潜力亟待开发。[①] 尤其对于大多数农村低龄老人而言，

① 党俊武：《中国城乡老年人生活状况调查报告（2018）》，社会科学文献出版社 2018 年版，第 21 页。

60 岁健康状况较好，劳动能力较强，并且基本完成子女的养育任务，仍然有着获取社会认同的愿望和参与村社文化活动的积极性，是发展农村互助养老的重要的人力资源储备。

9.1.2 面临的现实问题

2008 年河北肥乡互助幸福院开启了我国农村互助养老的实践探索，自此之后，我国农村地区进行了各种养老服务模式的实践和创新，取得了一定成效，也积累了宝贵的经验。但是由于互助养老本身是一种典型的“向后的代际公共品”，其实现需要通过劳务的代际接力来完成，在代际补偿机制缺失的情况下，养老成本的代际外部性极易导致代际利益失衡，并最终导致农村互助养老的供给困境和供给不足。在当前农村人口加剧老化和养老服务供给不完善的现实约束下，通过发展互助养老开发农村低龄老年人力资源，推进农村养老服务发展和完善已是迫在眉睫。

9.2 国内外已有文献关于互助养老的研究

9.2.1 互助养老的内涵、特征及作用

互助养老是对积极老龄化的现实回应。1999 年，世界卫生组织提出“积极老龄化”概念，并出版了《积极老龄化政策框架》，主张人口老龄化并不是经济社会发展的负担，而应该以一种积极的视角看待，让老年人充分参与社会、经济、文化、精神和公民事务中，为家庭、社会、国家做出积极贡献。[①]

俄国克鲁泡特金的《互助论》认为，与“物竞天择，适者生存”的竞争性理念相比，互助互惠是生物界的普遍特征、人性的本能，贯穿于人类发展

① S. Shenfil，“Pathways to Positive Aging：A Program to Build an Aging-Friendly Community”，*Journal of the American Society on Aging*，2009，Vol. 33（2），pp. 82 – 84.

历史；万物生存发展的自然法则和进化的要素不是物竞天择，而是种族内平等的互助①。

自20世纪90年代至今，在我国农村发展互助养老的可能性和可行性已经得到了学界充分的论证。建立代际互助体系，通过劳务的代际交换，是实现“自我养老”模式创新、打破传统养老困境的有效选择（穆光宗，1998）；“服务储蓄”是养老生活照料权和精神慰藉权的自我积累的可行方式（陈赛权，1999）。农村社区作为一个以熟人社会和亲缘关系为纽带的情感性社会共同体，既具有地缘关系的互助共同体特征，也具有血缘关系的互助共同体特征（费孝通，2001），因而我国农村社区发展互助养老具有先天的优势。在家庭养老功能弱化和代际分居的转型背景下，农村社区作为一种“社会结构”或“社会子系统”，具备自发调节和适应环境的功能性反应，能够在一定程度上以内生性的组织创造来实现对家庭养老的功能替代（张岭泉、吕子晔，2019）。

农村互助养老将乡土经济、乡土文化和乡村生活有机地整合成为一个功能实体，融合了家庭养老与社会养老两种模式的优点，通过形成老年群体内部互助共老的模式，挖掘低龄老龄资源、提升低龄老人社会参与，使得农村老年人实现了由依赖家庭和社会的“被赡养者”到积极的“互助自治者”的角色转变，成为福利供给模式探索中除国家和市场之外的“第三种体系”，开拓了转型期农村养老模式的创新研究（杨静慧，2020）。

由于互助养老的理念在于激发低龄老人为高龄老人提供照护服务，形成劳务的代际传递，在此过程中，老人既是互助养老的载体、互助养老服务的提供者，也是被互助养老的服务对象，因而学界也将“互助养老”称为“以老助老”或“以老养老”。

对于互助养老的具体实现形式，有学者着重从居住形式的角度，将农村社区互助养老定义为，以社区为单位，采用“社区主办、互助服务、群众参与、政府支持”的方式，整合社区内所有生活能自理的老人力量及其养老资源，让老人们合住在一起，实现自助、互助的一种养老形式（金华宝，2014）。也有学者着重从服务内容对互助养老进行了概念界定，认为互助养老是在政府支持、指导下，以基层社区或行政村为平台，社区居民或村民基于

① ［俄］克鲁泡特金：《互助论：进化的一个要素》，李平沤译，商务印书馆2009年版，第5页。

自愿参与、互助自助原则组织形成的低龄老人帮助高龄老人、健康老人照顾生活无法自理老人的一种“自我管理、自我服务”的养老模式，服务的主要内容即日常生活照料和情感支持。老年人邻里互助、亲友互助和志愿互助服务均属于互助养老类型（张岭泉、郝雅奇，2017）。

刘妮娜（2019）进一步提出了“农村互助型社会养老”的概念，她指出，农村互助养老的核心不在于推动互助养老院等硬件设施建设，而在于激活老年人守望相助的认知，将相互间零散的互助行为有效地组织起来，达到充分利用老年人力资源，开展方便及时的相互服务，并实现老年人参与社会的目的。农村互助型社会养老的研究相比于以往的研究更能突出“互助型”——老年人之间的“自助－互助”的社会养老内容，将农村互助型社会养老界定为：将“自助－互助”（守望相助）理念寓于农村社会养老之中，把农村老年人力资源有序组织动员起来作为主要服务力量，为农村老年人提供互助型的社会养老服务。并在实际调研的基础上，深入挖掘农村传统的民间互助保障体系，立足目前农村互助型社会养老面临的可持续发展困境，总结了农村互助型社会养老的中国特色和发展道路。（1）互助型社会养老的重点在于互助，互助的本质是经济互助，并非简单的提供服务或直接帮助；（2）中国的互助并不等同于公益或者慈善，它扎根于农村传统的亲邻互助网络，兼具效用和美德，有可以获得有价回报的期待；（3）之所以通过互助这种方式发展社会养老，是为有组织地发动邻里、志愿等社会力量，充分利用以老年人为主的各类人力资源的闲置时间、资源低成本地相互帮助、提供服务；（4）农村互助型社会养老是对家庭养老的重要补充，应当将其看作一个涉及多个领域、多个层次、多个方面的基础性的社会支持系统，只有这个系统有效运转，互助型社会养老的可持续发展才成为可能。

此外，也有学者强调，我国农村互助养老的实现需要来自多方面的支持。互助养老是在互惠互利和社会交换基础上产生的同代或代际之间的养老资源、服务的交换。农村互助养老不是老人之间简单的互助行为，而应是农村家庭养老、机构养老和社区养老相融合的新型养老服务模式（钟仁耀，2020）。集体互助养老的核心理念是“自主、集体与互助”，具有集体化、个性化和可持续性等基本特征。与传统养老模式相比，集体互助养老具有整合养老服务资源、提高养老服务效率和满足老年人多层次养老服务需求等优势。“乡村振兴”战略的实施带来农村经济社会的转型，农村养老模式从家庭养老走向集体互助养老是可持续发展的必然选择（向运华，2020）。

作为乡村振兴战略背景下农村养老服务体系的重要组成部分，互助养老的作用体现在以下几个方面。一是能够有效整合各类养老资源，使老年人群的智力资源、体力资源及社会资源得到充分利用，使其自我价值和社会价值得到充分实现，有利于全方位提升老年人的成就感和幸福感（李俏、刘亚琪，2018）。二是作为社区养老的补充，强调普通居民间相互的帮扶与慰藉。互助养老的价值主要体现在促进个人价值的实现，满足老年人"就地养老"的愿望（班娟，2014）。三是扎根于农村传统的亲邻互助网络，充分利用以老年人为主的各类人力资源的闲置时间、资源低成本地实现对有需求老人的帮助和服务。

9.2.2 互助养老的实现形式

9.2.2.1 时间银行互助养老模式

1. 时间银行的产生与发展

"时间银行"互助养老的理念诞生于日本公民的互助养老实践。1973 年，大阪市的旭子水岛女士，联合本地妇女组成一家志愿者劳动银行，建立互帮互助的养老机制，倡导以志愿劳动积分换取养老服务为形式的互助养老（景军、赵芮，2015）。将时间银行加以推广的是美国哥伦比亚大学的学者埃德加（Edgar S. Cahn，1999），他基于美国经济萧条时期人力资源浪费、货币贬值和公共服务缺乏问题提出了"时间美元"（time dollar）构想。埃德加指出，面对底层群体公共服务不足以及由此引发的一系列社区问题，需要构建一个公平运行的分配系统，让社区居民在此系统中匹配自身所需服务。"时间美元"不是真正意义上的货币，但却可以通过人民用自己的劳务时间兑换等量的他人为自己服务的劳务时间。这在一定程度上实现了劳务代替金钱货币以获得未来时期产品和服务的效果，后期逐步发展为西方国家广泛开展的时间银行社区互助养老实践。

时间银行互助养老模式是指通过相应的存、贷规则和激励机制，让现期的公益服务者把做公益事业的时间累计起来像存钱一样存进时间银行，兑换其他志愿者为自己提供服务以及一定的物质回馈。具体而言主要通过招募低龄老人担任志愿者，将其为他人提供服务的时间“存进银行”，待自己高龄或需要别人帮助时可以用存下的时间来兑换相应时长的养老服务。该模式侧重于不同年龄段的人相互合作，兼顾了多代人的需求，蕴含了代际互助的理念和运作方式，已被美国、英国、日本等国家广泛运用于社区实践并取得了良好的社会效果，成为积极应对老龄化的一种创新养老模式。

2. 基于中国实践的时间银行相关讨论

20 世纪末，时间银行的实践开始逐渐受到国内学者的关注。北京大学穆光宗教授（1999）较早地关注到我国的老龄化趋势和即将产生的问题，对国外时间银行的实践进行了具体的介绍，提出构建代际互助的养老服务体系的理念。在《建立代际互助体系，走出传统养老困境》一文中，穆光宗教授将“时间储蓄”界定为，志愿组织通过志愿时间储蓄卡将志愿者提供的服务时间记录下来，当志愿服务提供者需要帮助时，经过志愿组织的安排，由其他志愿者无偿地为其提供服务。在此基础上进一步分析了中国特色时间银行互助养老的几个特征：（1）主要为了满足高龄的、低收入的和缺乏生活自理能力的老年人的服务性、照料性需求；（2）主要局限于低龄老人为高龄老人、健康老人为病残的缺乏自理能力的老人的服务上；（3）遵循双方自愿的原则，双方满意、双方得益，这样在“代际交换”的理念中，分布在各个家庭中的老年人问题就在社会统筹的框架中得到了合理的解决；（4）志愿者利用自己的闲暇时间为需要服务的老人提供力所能及的买菜、护理等服务，社区则通过“时间储蓄卡”将其服务时间记录储存下来，当提供服务者今后年老需要服务时，再由别人无偿提供相应的服务量；（5）“时间储蓄”体现的是社会互助的精神，对老年人和老龄化社会都有好处；（6）“时间储蓄”的实质是进行劳务的代际交换，在这个意义上，与其称“时间储蓄”，不如叫“劳务储蓄”；（7）这种做法既崇尚奉献，又强调回报，所以它并不是完全意义上的公益活动，它所具有的伦理和道义基础使其具备了持续发展的可能性；（8）这种做法是超越经济含义的一种独特的“自我养老”的积极探索——只要乐于奉献，即便经济条件差些，今后的养老也能有一定程度的保障，而事实上仅仅从经济角度来考虑养老是远远不够的；（9）由于中国人讲究因果报应，所以这种做法在中国具有文化上的适应性，很可能似“星星之火”终将燎原起来。

学者王泽淮（2003）从狭义与广义两个维度来界定时间银行。从广义上来说，是各年龄阶段的人参与志愿者、服务活动，积累服务时数，待自己需要别人提供服务时，可享受同等时数的免费服务。狭义只是将参与人群限定在年轻的老人志愿者为高龄老人提供服务的活动，积累服务时数，待自己需要别人提供服务时，可享受同等时数的免费服务。大部分学者对于时间银行的概念界定于从时间“存－取”的角度来诠释。景军、赵芮（2015）将时间银行引入农村互助养老的理论研究，分析时间银行在中国发展面临的问题的基础上提出以“爱心时间银行”为依托的互助养老精神，有利于良好社会风尚的形成。夏辛萍（2014，2016）指出时间银行作为一种对社区养老服务模式的探索，是以社区为单位的新型养老服务服务模式，倡导“服务今天，享受明天”的理念，让年轻人、准老年人、低龄老人及健康的老年人利用闲暇时间参与为社区老年人提供各类服务的活动，通过累计服务时数，待自己年老需要服务或家人需要服务时，可兑换同等时数的服务，并进一步阐述了时间银行的优势所在，不仅调动各个年龄段的人群实现代际互助，而且满足不同人群的多种需求，调动社区各种资源，为社区养老做贡献，并最终推动和谐社区的形成。

但是，时间银行的实践在我国并非一帆风顺的。我国的时间银行最早出现在20世纪90年代末的上海市。1998年，上海市虹口区提篮桥街道晋阳居委会率先建立起了“时间银行”，组织低龄健康老人担任志愿者，向高龄老人提供生活照料服务，累积存档的服务时间可以用来换取自己今后需要的养老服务。1999年，广州寿星大厦住宅区成立了一个类似“爱心时间银行”的机构，帮助健康老人存储为他人服务的时间。基本运行大多是以社区中的高龄和病残老人为主要服务对象，以低龄和健康老人为主要服务提供者，以日常生活照料和精神慰藉为主要服务内容，以社区为基本单位和服务范围，采取轻老代际循环互助的形式开展志愿养老服务，每次服务结束之后将服务者的服务时间存入时间银行并加以累计，为自己以后的养老储存“时间货币”。上海、广州的时间银行做法逐渐得到全国许多地方的学习、效仿和推广。然而由于发展缺少政府的顶层设计、不同服务类型间换算困难、人口结构变动导致互助养老时间银行储蓄不足、转让机制缺失以及通存通兑等现实问题的存在（祁峰、高策，2018），自我国1998年首个时间银行试点以来，其运行多难以为继（李梅，2019），只有极少数仍在坚持运作。

近年来随着我国人口老龄化、高龄化问题的日益严重，养老时间储蓄服务又重新进入人们的视野，成为学界和社会关注的焦点，各地时间银行再次涌现。新一轮时间银行的实践和研究更为注重其内在运行逻辑、现实困境和对策建议。有学者剖析了时间银行互助养老的本质，是劳动成果的延期支付（陈功、杜鹏、陈谊，2001）。许加明（2015）揭示了时间银行现实困境，提到将时间银行模式应用于居家养老互助服务，不仅可以吸引更多的志愿者加入进来，而且可以减轻居家养老的资金与人手短缺的困境，更好地满足大多数老年人在家养老的愿望，并在互助养老的过程中进一步促进和谐社区的建设。对服务者而言，增进了身心健康，储备了养老资本；对服务对象而言，丰富了养老资源，满足了养老需求；对社区而言，缓解了养老压力，促进了社区和谐。现阶段我国时间银行模式应用于居家养老互助服务仍然面临多重困境：政策支持缺失；通存通兑困难；管理效率低下；时间价值不清；服务质量不高；供求关系失衡。因而现阶段时间银行模式基础上的居家养老互助服务只能作为我国养老实践的一种重要补充形式，而不是居家养老、社区养老、机构养老等养老模式的替代。祁峰、高策（2018）指出，发展时间银行互助养老服务的着力点在于通过政府进行顶层设计，加大投入、整合资源；建立时间银行互助养老服务兑换评估机制；推动社区参与，拓展社区资源；建立通存通兑机制和继承转让机制；加强时间银行网络平台系统建设。

9.2.2.2 集中居住的互助幸福院模式

肥乡农村互助幸福院是我国农村互助养老模式的典型代表。2008 年河北省邯郸市肥乡县建立的“互助幸福院”，是我国集中居住的互助幸福院模式探索的起步。肥乡农村互助幸福院由当地村委会组织发起，经济支持一部分来自当地县级政府，一部分来自社会团体；服务支持来自本地村民和志愿者提供，部分基本公共物品由集体供给，运作成本低。“离家不离村，离亲不离情，养老在乡村，享乐家门口”是肥乡模式的宣传标语，充分集合了农村社区养老和居家养老模式的优势，尽可能地满足了当地老年人就地养老的需求，是对建立农村基层养老服务体系的积极探索和尝试。王进伟（2015）总结了肥乡模式的特点：（1）村委主办，政府支持，社会参与；（2）低成本、小福利和基本公共物品的集体供给；（3）兼有居家、机构和社区养老的生活方式；（4）自我管理、自我服务、抱团互助。经历了十几年的发展，肥乡“互助幸福院”养老模式在国内多个省份和地区的农村推广实践，积累了丰富的互助养老经验，是我国集中居住的互助养老模式的范例。

在强调农村互助幸福院对突破农村养老困境的重要作用的同时，学者们也关注到我国农村互助幸福院发展过程中的制约性因素。赵志强（2015）指出，在看到农村社会养老“幸福工程”建设取得成绩的同时，我们也要清醒地认识到农村互助幸福院建设、管理与使用过程中仍然存在的一些不足。在当前的压力型体制下，农村互助养老工程的推进存在着选择性政策执行、数字式年度考核与乡村敷衍性应对、供给主体的责任缺失与乡村信任危机。在一些地方，农村互助幸福院建设的热度与建成后的冷清形成了鲜明的对比，有些地方的农村互助幸福院建成后却无人入住，大门紧闭，几乎成了摆设，成了装点门面的“道具”，变成了应付上级检查的政绩工程、面子工程。推动农村互助养老发展，必须改变压力型体制，构建服务型政府；改变量化考核偏好，提高群众参与性；以农村互助养老为平台，农民养老需求为导向，构建整体性养老保障体系。

朱火云、丁煜（2021）以合作生产理论为视角，借助 X 市的典型个案，探讨了农村互助幸福院制度化服务供给机制及其面临的困境。相关结论显示，幸福院改变了传统的政府作为农村养老服务唯一供给者的局面，整合了政府、村委、老年人、社会组织等多元主体，初步构建了农村养老服务共建共治共享的治理格局，凸显了老年人由以往的被动服务接受向积极的服务参与者和贡献者的角色转变。然而，由于以政府为主导的纵向整合机制与以民主协商为基础的横向协调机制的脱嵌和力量失衡，合作生产过程中存在参与主体间“中心－边缘”权力结构固化、多重目标冲突与互信质量低下等问题，限制了协作优势，滋生了协同惰性。需要理顺参与主体间的关系，增强横向协调机制以平衡权力结构；建立以社区协商制度为载体的制度化民主协商机制，达成协调一致的共同目标；创新社会参与机制，实现纵向与横向机制的有效衔接。

9.2.2.3 社区居家互助养老模式

德国养老服务体系中独具特色的“多代屋”是社区居家互助养老模式的典型，对中国发展互助养老具有一定的借鉴意义。“多代屋”作为德国国家推进的公共服务项目，其目的在于打破家庭界限，让年轻人和老年人能够聚会，给不同代际的人们创造见面和交流的机会，实现代际双赢。老人在“多代屋”中既可以作为被照料者免费得到日常的照料，也作为劳动参与者把生活经验传授给年轻人，或是自愿、无偿地为“多代屋”中的年轻人提供诸如照看孩子、打扫房间等服务，或帮助比他们年纪更大的老人们。德国政府的相关数据显示，有 65% 的“多代屋”成功地把各个年龄段的人聚集在一起。在这些“多代屋”中，超过 65 岁的老人占 15%，50 ~ 65 岁的占 17%，其余都是儿童和年轻人。特别是儿童，经常和老人一起读书、画画，能抚慰老人们孤单的心情，沟通代际的感情（刘苹苹，2013）。

日本的社区居民互助养老模式提倡通过邻里之间的互助实现养老目的。在日本，65 岁以上的老年人口是互助养老体系的服务对象，独居或丧失自理生活能力的老年人口是互助养老体系的重点服务对象。政府为服务对象提供一定的资金、政策支持，社区志愿者提供一定协助。互助养老体系提供的主要服务内容包括生活照顾、康复训练、开展邻里聚会、出游等活动，旨在达到增进邻里情感连接、丰富老年生活的目的（张岭泉，2017）。

美国的“村庄”模式作为一种自发形成的互助养老组织，在成立之初就肩负着重要的组织使命，即通过无偿而有效的组织内互助及质优价廉的组织外服务及时帮助“在地养老”（aging in place）的会员改善其生活自理能力，使其能安全而舒适地在家中养老或在自己熟悉的社区里养老（金华宝，2019）。此外，在美国自然形成退休社区也有类似的邻里“结对组圈式互助养老”，该模式采取老人自愿或匹配结对与组圈的方式，进行抱团养老，是邻里守望相助的典型体现，包括结对互助、“关爱圈”互助、“老伙伴”计划等具体形式（侯立平，2011）。

我国的社区居家互助养老也是以家庭养老为基础，参与互助养老的老年人仍然生活在自己家中，通过有效组织将零散的互助行为相匹配，达到充分利用老年人力资源，提升老年人福祉的效果。

比较典型的有以互助养老点为代表的“据点活动式互助养老模式”。2007 年，青岛市四方区开始设立第一个互助养老点，因实践成效较为显著，2011 年数量增加至 417 个，2013 年增至 985 个。资金来源主要包括政府财政扶持、社会捐赠；管理方面，当地政府出台了相应的规章制度，并组织成立了互助养老事务中心，互助养老事务中心和社区有关部门负责对互助养老点的日常运作情况进行管理和监督。以“老伙伴”计划为代表的“结对组圈式互助养老模式”。2012 年上海市老龄事业发展中心施行的长期性、广范围的

“老伙伴计划”，具体内容是由社区内的一位身体健康的低龄老人与五位本社区的高龄老人结对，提供互助养老服务，服务内容主要包括日常看护、电话问候、聊天等。服务提供者均需接受前期培训。截至2016年底，接收了10万余名老年人服务对象、吸纳了2万余名老年义工，并完成了个人信息管理系统建立的任务（王伟进，2015）。

此外，还有依托高校，在专业学者的支持和倡导下建立起来的，结合来自地方妇联和政府相关部门的支持和群众参与形成的“老年协会”，通过“自我组织、自我教育、自我管理、自我服务”将农村老年人有效组织起来参与各项文艺活动，丰富其精神生活、提高其社会参与水平，促进了农村老年人力资源的开发和再用（李俏、刘亚琪，2018）。

9.2.3 我国农村互助养老的存在的问题及健全对策

现阶段，学者们对农村互助养老模式的实现形式进行了多维研究，相比于西方发达国家，我国是在“未富先老”和“未备先老”的背景下开展农村互助养老模式探索实践，尤其是农村地区，由于制度安排、人力资源和财政支持不足，互助养老的开展仍然面临深层次的问题。已有研究对农村社区互助养老模式及经验也进行了多维归纳。根据参与力量的不同可以分为政府主导推进模式和“自助－互助”（守望相助）模式，前者容易导致政策执行偏差（赵志强，2015），后者则更为强调通过将农村老年人力资源的有序组织动员来挖掘农村互助养老的主要服务力量（刘妮娜，2017）；根据领导主体和政府介入程度的不同，可分为群众自发型、能人带动型和干部领导型，三种类型依次体现了政府介入的程度，也分别代表了农村互助养老的发展阶段（杜鹏、安瑞霞，2019）；根据实现方式，可分为志愿服务模式、互助幸福院模式和时间银行模式，三种模式都存在不同程度的信任问题（贺雪峰，2020），限制了农村互助养老的进一步发展。

随着实践的推广和研究的深入，如何增强农村互助养老发展的可持续性、实现对供给方的有效补偿，成为学界近年来关注的重点。贺雪峰（2019，2020）基于老人农业和村庄熟人的社会基础提出了农村互助养老设想，继而从社会资本的角度探讨了农村互助养老的补偿问题，指出互助养老的实现，需要解决互帮互助所得回报的价值衡量问题；杜鹏、王永梅（2019）提倡以放权赋能、多元参与和合力共治理念，理顺农村互助养老服务发展路径；陈功、王笑寒（2020）认为“时间银行机制”有助于解决农村互助养老模式的可持续性不足；曲绍旭（2020）指出多中心治理理念的“中心－分级”运行逻辑可以为农村互助养老自治性的实践提供参考。

关于代际补偿的问题，现有研究虽然没有明确提出相关概念，但是已经充分认识到了养老问题的解决最终仍是需要放在代际的框架下探寻出路。资源在代际的分配和分享是人口老龄化面临的重要挑战（穆光宗，1999），人口老龄化问题本质上是代际关系平衡问题，要实现家庭与社会养老的可持续发展，需统筹代际平衡与社会治理（陈功、赵新阳、索浩宇，2021）。

综上所述，社会转型和城镇化进程造成了农村家庭代际距离的扩大和家庭养老功能的弱化，生活照料和精神慰藉不足的农村老年群体需要得到来自社区的代际支持，发展社区互助养老是实施积极老龄化战略背景下破解农村养老困境的现实选择。已有文献对我国农村互助养老模式的实践和经验进行了较为充分的总结，明确指出了现阶段农村互助养老服务发展可持续性不足的问题，为后续研究奠定了基础也给予了重要启发。但是关于养老问题代际补偿机制的作用机理及其实现问题的研究，却是较为缺乏。代际补偿机制缺失是制约互助养老现实供给的关键因素，对互助养老可持续发展影响更为深远，但在现有研究中尚未引起足够的重视。基于此，本书从宏观代际视角，探寻多种互助养老模式背后所共同涉及的代际补偿问题，重点分析如何通过行政机制、市场机制和社群机制的共同作用形成有效的农村互助养老的代际补偿机制，以期为推进农村互助养老服务的长效可持续发展提供一些思路。

9.3 我国农村互助养老实践

农村互助养老是一种社会交换，起源于农民长期共同的生产生活实践。中国历史上的农村互助养老大致经历了从宗族和个体结社到集体互助、从民间自发到组织化制度化的发展过程（张云英、张紫薇，2017）。

在我国历史上，个人、家庭、集体或组织成员之间形成的、以获得利益和情感为目的所表现出的互帮互助的社会文化，是农村互助养老得以产生的文化基础。唐朝的农社、宋代的义庄、清朝的太监庙和姑婆屋，实际上都是互助养老雏形（李俏、刘亚琪，2018）。

新中国成立后，农村居民互助的实现依托于集体经济发展下的人民公社化运作模式。社会主义建设进入新时代，农村互助养老实践跃升到了一个新阶段，更多地体现为社会成员之间的一种互助互济的精神。

9.3.1 发展农村互助养老的政策支持

自2008年河北省邯郸市肥乡县前屯村建立农村互助幸福院，农村互助养老正式引发社会普遍关注，此后在国家及各地政府的推动下，先后展开互助幸福院、幸福大院等试点，至今已有10余年时间。在这段时间里，国家重要政策文件均对农村互助养老进行部署（见表9－1），同时发生了从注重设施建设向注重服务开展的转变。

表9－1　　我国发展农村互助养老的相关中央政策文件

年份	政策	内容
2011	《社会养老服务体系建设规划（2011—2015年）》	要结合城镇化发展和新农村建设，以乡镇敬老院为基础，以建制村和较大自然村为基点，积极探索农村互助养老新模式
2013	《中央专项彩票公益金支持农村幸福院项目管理办法》	明确提出农村幸福院申报的条件和规范
2016	《关于全面放开养老服务市场提升养老服务质量的若干意见》	明确提出“倡导‘互助养老’模式”
2017	《“十三五”国家老龄事业发展和养老体系建设规划的通知》	通过邻里互助、亲友相助、志愿服务等模式举办农村幸福院、养老大院等方式，大力发展农村互助养老模式
2018	中央一号文件	要大力培育服务性、公益性、互助性农村社会组织
2018	《乡村振兴战略规划（2018～2022）》	要推进农村幸福院等互助型养老服务发展
2019	中央一号文件	要完善农村留守儿童和妇女、老年人关爱服务体系，支持多层次农村养老事业发展

资料来源：根据中国政府网资料整理。

9.3.2 农村互助养老的实践

中国农村有发展互助养老的深厚土壤，在基层农村社区的自发组织以及政府的推动之下，从 2008 年开始，中国不少地区开始了互助养老的实践探索，农村互助养老模式也逐渐兴起，见表 9－2。

表 9－2　　我国农村互助养老的地方实践

地区	模式	内容
河北肥乡县前屯村	互助幸福院	“集体建院，集中居住，自我保障，互助服务”。均由村集体出资建设，免费供老人居住，水、电、暖设施及使用费、调料、食用油由集体提供，入住老人生活所需的吃、穿等由子女负担，自带米面，每月花费不足 20 元
安徽肥西县三河镇木兰社区	邻里互助式的养老模式	利用居民邻居的闲暇资源，来共同为空巢和孤寡老人进行服务。配送餐生活食堂，具备一次性满足 40～50 人同时就餐；图书阅览室、娱乐活动室，结合社区卫生室设置健康咨询和康复服务室。积极探索农村互助养老新模式，发动基层党员、志愿者常态化开展帮扶工作，通过日托照料、配送餐服务、义工援助模式，已建成社区村服务站建成 109 个，并积极拓展社会资金参与互助养老
山东东平县	互助幸福院和社区居家互助养老相结合	具备养老院、日间照料中心和居家养老服务站 3 种功能，一些大一点的幸福院，“走读”老人能占到一半。县里还要求每个村规划 2 亩菜园供幸福院使用，让老人在劳动中活动筋骨、增强体质、自给自足、体验乐趣
上海松江叶榭村“幸福老人村”	集中居住，集中服务	“幸福老人村”是一个民间非营利机构构建并负责日常运营，通过盘活部分农民闲置宅基地上的住房，打造托老场所
江西吉安市太和县新桥村	家庭赡养为基础，养老机构和互助养老设施为依托，养老院托底的农村养老“时间银行”	老人每月支付 72 元，可以去享用一日三餐。利用村里祠堂整合利用建立互助老人之家，老年食堂。养老不离家不离村，政府出一点、村集体出一点、社区捐赠、老人自己出一点
内蒙古乌兰察布市化德县	互助幸福院	解决了 4 万贫困老人的养老困难，成为解决贫困地区老人集中养老问题的有效方法，称之为“化德模式”。此后，该模式在全自治区推广，计划 5 年内覆盖全自治区 60% 以上的农村贫困老人

续表

地区	模式	内容
重庆市大足区	居家互助养老	在市级贫困村铁马村探索出“四元互动”城乡互助养老模式。通过“老帮老”互助养老的形式，有效缓解了居家养老服务中产生的难题。“政府部门指导＋互助组织负责＋社工机构引导＋社会力量协同”的“四元互动”城乡互助养老模式，形成多方力量共同参与的强大合力。 针对老人无固定经济来源、无年轻人照料生活、无社会文化活动、无良好养老服务资源等问题，探索出“144”工作机制，即建立1个互助中心（建立一个村级互助中心，为村内老人提供集中开展互助式养老的场所）；4级联系人（明确互助中心负责人、互助组组长、互助院落联络人、服务对象亲属），随时跟踪老人日常生活状况，准确把握老人需求变化；4种特色服务（生活照料、精神慰藉、娱乐文化、价值成长），为老人提供便捷可及的养老服务。完善丰富“时间银行”制度内涵，低龄老人及志愿者、村民在“时间银行”开户后，根据提供志愿服务的内容和时间，转换成相应的服务积分。同时，设置“互助超市”，通过出售互助成员手工制品抽取分成、集体经济分成、社会或政府机构捐赠等渠道充实超市物品，超市物品只能通过积分兑换，通过“互助超市”，拓展了积分“变现”的渠道，进一步提升了群众参与互助式养老的积极性。目前，该模式正在全区22个村（社区）推广，预计2021年将扩大到100个村（社区）
邢台市威县方家营镇孙家寨村	定期举办爱老敬老文化活动	每个月的农历初一、十五都要举办“孝心饺子宴”，吃饭、看戏、听歌。丰富老年人精神文化生活，提升老年人社会参与

资料来源：作者整理。

表9－2相关资料表明，中国农村互助养老是在地方实践探索中不断创新发展起来的具有中国特色的新型农村社会养老模式。它既产生于中国传统乡村文化，又借鉴了国外先进经验，对于社会转型背景下农村家庭养老式微、空巢老人养老需求激增等问题的解决有积极作用。

9.4 农村互助养老代际补偿的主要内容

互助养老的代际补偿是对劳务供给者的补偿。需要充分考虑各代人权利和利益的机制设计，来实现对参与互助养老的劳务供给者所付成本，包括机会成本的补偿，以改善、维护代际互助的有序传递和接力，弥补因为跨期市场机制缺失和信息不对称问题导致的代际外部性问题，以代际公平原则导向形成一种具有正向激励的制度。

9.4.1 互助养老的代际补偿指的是对现期劳务付出者在未来时期的补偿

互助养老涉及跨期主体的利益：从需求方看，空巢化、高龄化背景下身体健康状况较差、缺乏生活自理能力的农村老年群体数量增加，相应的，这部分群体的照护问题是现阶段农村养老的关键短板也是亟须解决的问题。缺乏生活自理能力的群体只能作为照护的需求者，很难再成为供给方来提供相应的劳务补偿。并且，农村这部分群体的消费能力和支付能力较差，很难通过经济支付来给予照护方经济补偿。从供给方看，互助养老供给方是现期健康状况较好的低龄老年人，他们对养老照护的需求，并不是发生在当期，通常是进入高龄阶段才会产生。因此，对于现期互助养老的劳务供给主体的补偿，是以跨期的形式由其他供给主体对其提供劳务补偿，以此支撑代际互助接力的循环运行。

劳务补偿的代际传递和代际接力是互助养老的基本运行逻辑。农村需要照料的群体包括高龄失能老人，也包括低龄失能老人，由于健康状况的差异，不排除有年纪略长的健康老年人照护低龄失能老人的情况。从代际维度看，现期的照顾提供者通常是下一时期的照护需求者，因此，互助养老的代际补偿并不仅仅是从年龄的角度进行判断，而是从时间的维度，关注现期照顾提供者在未来时期是否能得到合理补偿。

9.4.2 互助养老代际补偿是对其自身代际外部性问题的矫正

互助养老会产生代际外部性。代际外部性是跨代经济主体的异质性和分离性的结果（Marini and Scaramozzino，1995）。具体到互助养老问题，通常涉及跨期的利益主体，在 t_1 时期供给者 A 向需求者 B 提供了照护劳务，在下一时期，A 变为照护的需求者，则需要由其他参与者为其提供照护劳务，以补偿 A 在 t_1 时期的劳务付出，在这样单向、连续的代际互助接力的过程中，一旦供给方与需求方的付出和收益不对等，是难以通过市场机制自发调整的，互助养老就会产生代际外部性，即在对上一代人产生正的外部性的同时，有可能对下一代人产生负外部性。具体的表现就是现期照护需求者得到了照护收益而无须支付成本，现期照护供给方的劳务付出在未来时期获得不到相应的补偿，双方的收益－成本难以通过市场机制精准结算和追溯。代际外部性会深刻影响供给预期和决策，削弱了互助养老代际互助接力的现实基础，直接的结果就是经济个体现期不参与供给。

互助养老的可持续运行需要对其自身的代际外部性进行矫正。互助养老的代际补偿是对现期劳务付出者在未来时期的补偿，互助养老的代际补偿机制是通过机制设计来实现对养老照护服务提供者所付出的成本（包括机会成本）的补偿机制，以改善和维护互助养老的代际间利益关系，实现互助养老的平等、互利和可循环。

9.4.3 农村社区是互助养老代际外部性内部化的有力依托

相对于城市社区由陌生人构成社会网络，农村社区的一个重要特征是熟人社会中，基于血缘和地缘关系而形成的各种社会网络和秩序结构。即使是在“农民上楼”与“撤村并居”的现代新型农村社区，并没有改变农村居民的血缘和地缘的内在关系，从制度效能和治理绩效角度看，新型农村社区“村转居”实践中依然不同程度地延续着传统村级治理模式（田鹏，2017）。熟人社会下形成的社群机制，居民彼此间互动频繁，对互助关系中相关利益主体的劳务供给和补偿有较为敏感的觉察和把握，共同遵守的道德伦理也在一定程度上形成了行为规范，弥补了市场机制的不足，对于互助养老的代际外部性的内部化有较强的约束和矫正效应，有利于构建代际补偿的正向激励机制，因而农村社区更容易成为互助养老可持续运行的有力依托。

9.4.4 代际公平是农村社区互助养老代际补偿的原则

着眼于代际外部性的矫正，互助养老代际补偿的核心思路在于构建激励和约束相容的机制，推动互助养老代际外部性内部化的实现，达到充分开发低龄老年群体人力资源、调节代际互助利益关系、满足高龄老年群体的照护需求、提升老年群体整体福利水平的目的。

从实践角度看，由于农村社区互助养老的相关利益主体较多，不同时期、不同健康状况的利益相关者对互助养老的劳务补偿预期不同、所持态度也不同，互助养老的代际补偿机制的构建和运行牵涉多方利益主体，形成了复杂的代际间的网络关系，因而，以代际公平原则为导向构建代际补偿机制，是实现互助养老可持续运行的基本条件。

9.5 代际补偿缺失下农村社区互助养老的供给困境

农村互助养老的构想在于倡导农村低龄老人通过为现期的需求者提供照护，为自己获得高龄或失能情况下的老年照护保障，以此形成代际互助的合理补偿，保持互助养老服务的良性循环。那么，如何保证未来时期会有人为我提供照护服务？如何保证未来时期会有人为我提供与我现期付出的劳务相等价值的照护服务？这两个问题是现期供给主体决定是否参与互助养老之前必然会考虑的问题。然而实践中由于互助养老具有较强的代际外部性，模糊了代际补偿的利益传递，难以较好地解决上述两个问题，并最终影响了农村互助养老的现实供给和可持续运行。

9.5.1 从补偿主体看，补偿方与受益方不一致，难以提供代际互助接力的保障

供需双方存在着显著差异。从互助养老的供求双方来看，农村老年群体可以分为生活能够自理的老年群体和生活不能自理的老年群体，前者是互助养老劳务的主要供给者；后者是互助养老的劳务需求者和接受者。供给者多为低龄且身体健康的老年人，不仅包括一直在农村本土居住的老人，还包括60岁之后由城市劳务市场回流的农民工群体。农村低龄老年群体虽然因为就业年龄限制退出城市的生产领域，但仍然可以作为优质人力资源在农村养老公共服务领域发挥老年人力资本的作用。相关数据表明，退休后的农村人口，虽然仍有劳作，但周平均工作时间低于35小时①，有较多的农闲时间，形成

① 赵耀辉等：《中国健康与养老报告》，http：//charls. pku. edu. cn/articles/news/579/zh-cn. html，2019年6月5日，第89页。

了现期互助养老服务供给的丰厚人力资源储备。需求者多为高龄、失能、子女外出务工的空巢老年群体，对养老照护的依赖性高，对养老照护的支付能力却很低，处于被动选择的弱势地位。

受益主体并非补偿主体。虽然互助养老强调以互惠互利为基础，但是由于高龄、失能等客观条件的约束，其中的受益主体往往不是补偿主体，二者之间并非一一对应的关系。假设存在两个连续时期 t_1 和 t_2，存在两个经济个体 A 和 B，其中 A 为 t_1 时期需要照护的高龄老年人，B 为 t_1 时期健康状况良好的低龄老年人。二者的跨期关系如图 9－1 所示，在 t_1 时期，B 老人向 A 老人提供了养老照护，在 t_2 时期，B 作为当期的高龄老人成为互助养老的需求方，而此时，只能由非 A 的经济个体来对 B 提供养老照护。在养老的代际互助接力过程中，微观上的实际受益主体与补偿主体并非同一主体，参与人的成本与收益相分离，这就难以严格按照“谁受益谁补偿”的原则规定受益者的补偿义务，因而也无法通过常规的契约关系为代际互助接力提供保障。

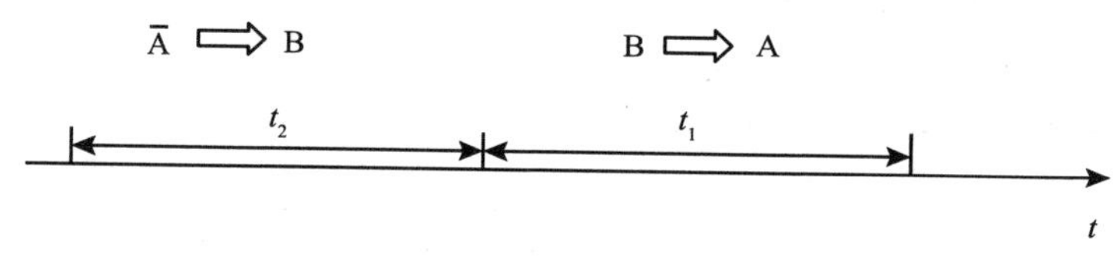

图 9－1　代际互助接力中的跨期补偿

9.5.2　从补偿形式看，跨期补偿存在准确计量的难度，缺乏社会资本信任支持

互助养老的补偿形式是以未来时期的劳务补偿兑换现期的劳务供给，跨期劳务补偿存在准确价值计量的难度。一是由于主观判断的影响。个人倾向于对较远未来的预期收益评价较低，而对近期的预期收益评价较高（奥斯特罗姆，2012），而且每个老年人对生活照料和护理的具体需求根据自身的经济条件和健康条件而不同，这些都会影响他们对跨期补偿的价值判断。二是由于客观条件的限制。不同供给主体的供给能力不同、参与互助养老劳务供给的机会成本也不同，针对不同老年人提供的互助养老服务的具体内容和劳动强度也有较大差异，难以完全实现劳务对等交换。

预期的不确定性影响社会资本的信任支持。个体间复杂的策略互动，形成代际间的社会网络，地缘关系和社会网络会对个体间的互动决策和最终的经济结果产生重要的内在影响。农村居民互助养老的参与决策通常可能受到两个方面的影响：一是社区内其他居民的参与决策；二是现期参与的未来预期回报。考虑互助养老的简单博弈，在 t_1 期高龄老年人 A 获得了来自低龄老年人 B 的照护，安享晚年，而在 t_2 期，B 老人进入高龄阶段，A 老人可能已经去世，或者即使健在并希望提供补偿，也无法由其自身实现对 B 提供相应的补偿，这是客观约束条件，如果 t_2 时期的 B 老人无法得到相应的照护，则意味着 B 老人在整个互助养老的参与过程中收益为负，这必然会影响其他的互助养老劳务供给主体的预期，他们自然不会再愿意参与后续时期的养老照护，互助养老将失去重要的信任和支持资本，当所有参与人选择不参与互助养老的照护供给，就会陷入代际互助的囚徒困境，其结果即是无论任何时期，当期所在社区的高龄老人都得不到相应的照护。

9.6 农村社区互助养老代际补偿机制的构建

矫正互助养老的代际外部性，打破代际补偿缺失下农村互助养老的供给困境，需要加强和创新社会治理。政府治理、市场治理和社会治理是现代国家治理体系中三个最重要的次级体系（俞可平，2014），相应的治理机制可以概括为行政机制、市场机制和社群机制（顾昕，2019）。农村社区互助养老代际补偿机制的构建，可从以下三个层面加以考虑：一是通过政策层面的顶层设计和制度规范提供自上而下的运行保障；二是通过对参与人在现期补偿和未来预期方面的正向激励，切实激发村社网络资源参与互助养老的内在动力；三是通过拓宽多元渠道和决策机会增强自下而上的社会支持。这三个问题分别涉及行政机制、市场机制和社群机制功能的发挥，需要三者的互补性嵌入，共同构建农村社区互助养老长效运行的代际补偿机制。

9.6.1 行政机制

针对代际外部性问题，在协调跨越不同时空的公共品供给方面，更多地寄希望于行政机制的调节作用（李郁芳等，2009）。一旦供给方与需求方的付出和收益的不对称难以通过市场机制解决，互助养老就会产生代际外部性，并且导致供方现期供给激励不足。养老代际互助接力符合农村居民的现实需求，却超出了村民自治的能力范围，来自政府方面的支持必不可少。代与代之间交易的困难需要制度上的改革，以建立有效的代际补偿机制。

在互助养老的组织和运行过程中，由地方政府为代表的行政机制起到了重要的主导作用。一是提供互助养老可持续运行的顶层设计，在制度层面形成互助养老的系统规范，并给予相应的政策支撑。二是通过财政资金扶持、基层人力资源队伍建设、人文宣传、法治监管等途径，提升互助养老的社会参与和有序循环。尤其是在互助养老发展初期，社会参与的内生动力不强，以行政机制保障每个时期照护劳务的供给者在未来时期的利益，对于建立信任和支撑基础是非常必要的。这种代际补偿机制既可以促进参与人提供更多的互助养老劳务供给，也可以弱化它产生负外部性的倾向。

以前文提到的 A、B 老人为例，要在契约失灵和结构不稳定的条件下在 t_2 期兑现对 B 老人的照护承诺，需要有公信力强的协作机制来保证其维持运行。进入 t_2 时期，在有后续代际互助的劳务供给的情况下，可通过基层政府组织匹配互助组合兑现对 B 老人在 t_1 时期的劳务供给；在缺乏后续代际互助意愿的情况下，可考虑通过政府购买劳务的方式兑现对 B 老人在 t_1 时期的劳务供给。通过行政机制清晰地阐述对当期劳务付出者在下一时期的补偿，为可持续的互助养老实践提供激励和资金支持作为持续保障，是协调代际利益、维护社会信任、提升居民公共行动能力的重要基础。

9.6.2 市场机制

代际间讨价还价的市场缺失是互助养老可持续发展的客观限制。这一条件约束决定了与代际互助相联系的成本 - 收益不能依靠价格机制调节。各代相互依存的经济主体之间虽然存在利益关系，却缺乏完善的市场环境来保障代际交易的发生。当交易被阻止时，帕累托改进难以实现。此外，由于代际的先后顺序这一客观约束，互助养老照护提供者在未来时期即使得不到相应的补偿，他们也难以找到有效的机制来充分内部化自己所承受的代际外部性，因为这里缺少一个讨价还价的场所。

尽管互助养老的市场机制在跨代资源配置时面临着失灵的限制，但并不能否定市场机制在互助养老可持续运行中的重要作用。互助养老的供给与需求分析，离不开对市场机制的理解。只有从供求两方面的分析中发现市场机制的价值和作用效应，才能全面理解代际补偿影响互助养老的内在机理，构建完整的代际补偿机制。除了对应的跨期劳务补偿之外，互助养老的日常运行也需要一定规模资金的持续投入，单纯依靠行政机制下政府财政资金的投入不仅增加了政府负担，也难以提高互助养老的供给效率。依靠市场机制发展壮大农村集体经济、以适宜的方式鼓励民间资本的进入，都会对互助养老的可持续发展提供有力的资金支持。

9.6.3 社群机制

以农村社区为依托的社群机制是形成互助养老自治能力的关键。奥斯特罗姆（1992）以公共池塘资源的使用为例考察了社群机制在公共事务治理中的重要作用。她指出，处于同一个地方和社群中相互依赖的公民，在共同的环境中居住了相当长时间，经常不断沟通和互动，彼此形成共同的行为准则和互惠的相处模式；也知道谁是能够信任的、他们的行为将会对其他人产生什么影响，以及如何把自己组织起来趋利避害，因而拥有了解决公共池塘资源使用困境的社会资本。通过设计合理的制度安排，规模较小的公共池塘资源的利益相关者较有可能通过自组织来有效治理社区内的公共事务。

同样道理，农村社区的社群机制为互助养老代际外部性内部化的实现提供了丰厚的社会资本。熟人社会中基于血缘和地缘关系形成了农村社区“出入相友，守望相助”的社会网络和秩序结构。生活在同一个社区的居民具有共同行为规范、价值观念和文化传承，在互助养老的实践中更具有社群凝聚力。相关调查数据显示，与邻里朋友交往是农村老年人的主要社会参与方式，总体参与率达到24.2%，该活动也是唯一一项农业户口受访者在参与比例和参与频率上同时高于非农业户口受访者的活动。[①] 可见，熟人社会网络中的农村社区具有开展互助养老的现实需求和社群基础。此外，邻里之间彼此熟

① 赵耀辉等：《中国健康与养老报告》，http：//charls. pku. edu. cn/articles/news/579/zh-cn. html，2019年6月5日，第68页。

悉，互动频繁，也利于互助养老照护的供给质量监督和供需关系协调，有效提升了匹配的精准度，进一步矫正代际成本–收益的不对称。

9.6.4 三种机制互补性嵌入下的农村社区互助养老代际补偿机制

参与互助养老的多元主体，各自有着不同的利益诉求和行为目标，尤其是涉及补偿方与受益方不一致情况下的跨期劳务兑换和保障承诺，问题和矛盾更为复杂，依靠单一的治理机制不能有效应对互助养老的代际外部性问题。构建完善的代际补偿机制，通过自上而下和自下而上的动力相互作用，挖掘农村社区互助养老的内在潜力，形成良性循环的代际互助接力和利益共同体，需要行政机制、市场机制和社群机制的嵌入共治和有效协同。

行政机制对社群机制、市场机制的培育和规范，是农村社区互助养老代际补偿机制设计的着眼点。在农村社区中，现阶段互助养老的过程主要依赖村集体、能人精英的倡导，村民的积极参与度不高，互助模式尚未形成普遍的推广，已有的互助养老模式的可持续性也面临挑战。长远的发展，仍然需要一个培育过程。由于劳务供给和补偿发生在不同时期，主体间缺乏直接的契约约束，供给方对预期回报的信任和信心是互助养老参与的前提，行政机制的信用为代际间的互助契约提供了有力的“背书”。互助养老的可持续运行，需要政府的持续性投入，尤其是在发展的初期，社群机制和市场机制发育不充分的情况下，借助行政机制，运用权威资源的投入，规范照护补偿秩序，培育参与主体的沟通和信任，将各方力量的协同发展逐步推入正轨，是实现代际互助接力的必需条件。因此我们可以说，行政机制保障了可信承诺，能够通过顶层设计、规则约束、资源投入等途径较好地解决“如何保证未来时期会有人为我提供照护服务”的问题。但是我们也要充分认识到，行政机制在互助养老照护供给的细节把握上存在着明显的局限，单纯依赖政府行政机制对于互助运行维护的持续投入，容易导致政府财政负担的增加和事权越位。持续的投入和正向激励需要建立在市场机制和社群机制不断发展的基础上。

增强社群机制和市场机制对代际互助接力的支撑，是农村社区互助养老代际补偿机制设计的落脚点。互助照护的事前激励匹配和后续执行的监督管理，更要依靠市场机制和社群机制自下而上的内在动力的激发，实现对互助供需匹配、供给质量把关，解决“跨期劳务等价值补偿”的问题。一方面，推进社群机制与行政机制的嵌入：从社区内部提升居民间的社会联结和互助养老的自治能力，通过社区居委会、社会组织和能人精英搭建政府与社区居民沟通桥梁，扩宽农村社区居民参与互助养老的多元渠道，充分掌握社区内互助养老参与人的服务需求和补偿意愿，并针对性地确定互助方式、匹配互助组合，定期走访和进行效果评估，将分散网络下的农村居民吸纳和组织，提升农村社区互助养老的规范性。另一方面，探索将市场机制嵌入社群机制的发展路径：在社会网络支持中寻求互助养老发展的经济资本支持，盘活农村集体经济资源，尝试以农村产业经营支持互助养老，并且在每一期集体经济收益、村社福利等资源分配的过程中综合考虑对互助养老劳务供给者的福利补偿，为互助养老提供可持续的正向激励和经济支持。

| 第 10 章 |

结论与展望

10.1 结　　论

本书首先基于对已有文献的梳理，构建描述代际公共品一般性问题的研究框架。继而分别从“向前提供的代际公共品”和“向后提供的代际公共品”两条线索展开，结合我国社会转型背景分析不同类型代际公共品供给困境的产生机理和应对。本书的主要结论如下。

10.1.1　代际公共品供给的一般性问题：理论梳理

代际外部性导致了代际间成本或收益的外溢，造成了“代内人”与“后代人”之间的成本收益的不对称。无论是正的代际外部性还是负的代际外部性，都会影响资源在代际间的配置，其实质与关键就在于，代际外部性影响代际之间的公平性，并引发与之相关的一系列社会问题。研究代际公共品供给的目的，是探讨代际公平的实现途径。

对代际公共品进行科学的分类和多维度分析，是对代际公共品供给问题提出针对性对策分析的基本前提。代际公共品本身的概念抽象性和复杂性，决定了我们必须对其进行科学分类，才能透过现象看本质，深入分析不同类型代际公共品供需失衡的原因所在。

由于其与生俱来的代际外部性特征和面临代际间市场缺失的约束条件，西方体制下代际公共品供给往往面临市场失灵和政府失灵的双重困境。在我国则具体表现就为转型发展阶段代际公共品的需求变化与现有供给模式间的不协调所形成的供给困境。转型发展带来了重建代际公共品供给制度的强烈需求，需要进一步改善政府在代际公共品供给中的主体作用，以及重视并充分发挥社会力量在代际公共品供给中的重要作用。

10.1.2　向前的代际公共品供给困境与破解思路：基于地方环境规制的实践

作为向前的代际公共品，环境规制的供给体现出三个层面的特殊性：（1）会产生向前的代际外部性；（2）未来代的经济主体是代际外部性的承担方；（3）外部性的承担方在现期公共选择过程中缺位，只能被动接受当期行为主体的决策后果。

传统的外部性理论对于环境规制代际外部性问题的内部化的解释具有明显的局限性。代际外部性问题的应对需要将研究视野扩展至多代利益范畴，综合考虑代际间利益关系下的多元主体互动。

从环境规制这一代际公共品的规制成本看，地方政府、排污企业和作为公众现实组成部分的当代居民都是环境规制成本的承担者，都可以理解为是环境规制供给过程中的相关利益主体。地方政府负担了环境规制的执行成本，排污企业负担了环境规制的服从成本，公众在承担环境规制后果的同时也负担了环境规制的监督和信息提供的成本。

在地方政府环境规制约束下，企业会对地方政府环境规制产生消极应对或积极应对策略。消极应对策略的手段包括污染获利集团对地方政府的规制俘获，或者通过信息隐瞒、非法排污、被动迁移等，其后果是将污染成本向后代转移，提供了环境污染这种代际公共劣品。积极应对策略主要指的是企业通过技术创新提高自身的竞争力和其他条件，其产生的效应是可持续性的，具有正的代际外部性，相当于当代企业参与了环境规制这一代际公共益品的供给。

地方政府环境规制在三方相关利益主体的直接互动和间接互动关系中得以实现。由于后代代理人缺位和不确定性问题的客观存在，无论是直接互动还是间接互动，后代人都只能被动地接受由前一代或几代人所转移过来的负的或者是正的外部效应。

在环境规制过程中，当期相关利益主体对环境治理的投入（包括技术投入和制度投入）是一种提供代际公共益品的过程。由于代际间市场的缺失，这种向未来时期产生正向代际外溢性的代际公共益品的供给往往面临激励和约束的不足。代际公共益品的有效供给通常依赖于代际之间的合作，而代际合作的实现，需要建立在相应的代际补偿的基础上。当各代处于交叠的状态时，代际补偿问题得到了一定程度的纠正，代际间有一个不完善的市场存在，虽然各代之间的策略选择仍然是不对称的，但是相互之间能够形成相对有效的约束和激励，此时，一种合作而非竞争的行为方式有利于改进代际公共益品的供给效率。

代际视角下地方环境规制困境的破解，需要纠正地方环境规制中短期行为倾向；培育民间环保力量的发展；促进信息公开和信息披露；建立环境规制的代际补偿机制。

10.1.3 向后的代际公共品供给困境与破解思路：基于养老服务的实践

社会转型背景下，代际支持由微观家庭层面外溢到宏观社会层面，养老服务的代际公共品属性日益凸显。从总体上看，养老服务供给的照护资源和资金流向是单向的。当代人对上一代人的养老服务的投入自己在当期是享受不到的，当代人在未来时期的养老福利除了取决于自己的积蓄之外，更多地需要来自下一代人的投入。因而，养老服务是惠及上一代人的“向后的代际公共品”。养老服务的提供不以血缘或姻亲关系为基础，供求双方的代际关系更多地体现为社会层面的代际关系。

养老服务的代际外部性是导致现阶段养老服务供需矛盾的重要因素，并且伴随老龄化程度的加深和老年抚养比的攀升而不断凸显。代际间的紧密依存、代际利益关系失衡以及代际补偿机制缺失，是导致养老服务代际外部性的主要原因。

作为典型的向后的代际公共品，养老服务的代际外部性有其自身特点：（1）养老服务的供给，是老年群体养老服务成本向青壮年群体的转移，产生向后的代际外部性；（2）代际外部性的承担者是处于劳动年龄人口的青壮年群体，而代际外部性的产生者是已经基本退出劳动领域的老年群体，更多的是作为养老服务决策的接受者；（3）外部性的承担方在现期公共选择过程中处于决策主动地位，他们是现期决策的制定和执行者，其自身的利益偏好很容易在决策时被优先考虑。因而，在养老服务供需双方的代际利益关系中，代际外部性的承担者处于决策的主导地位。当这种代际外部性对他们的利益造成了挤出或压力的时候，决策者很可能会产生消极供给的行为反应。

在养老服务体系中，互助养老的劳务补偿的代际传递和代际接力关系最为明显。对我国农村社区互助养老考察的结果表明，要形成良性可持续的互助养老，需建立有效的代际补偿机制。互助养老代际补偿指的是基于代际公平原则对现期劳务付出者在未来时期提供对等的照护补偿。然而实践中由于补偿方与受益方不一致、跨期劳务补偿的价值难以准确计量等问题的存在，互助养老具有较强的代际外部性，模糊了代际补偿的利益传递，制约了农村互助养老的可持续发展。矫正互助养老的代际外部性，打破代际补偿机制缺失下农村互助养老的供给困境，需要以农村社区为依托，加强和创新社会治理。通过行政机制、市场机制和社群机制的互嵌共治和有效协同，构建完善的代际补偿机制，以保障农村社区互助养老的可持续运行。

10.2 研究展望

代际公共品的研究仍然处于初级阶段，随着经济学理论与实践的不断推进，关于代际公共品的研究将继续深入。这一领域未来的理论发展需要更加关注以下两个方面：

10.2.1 注重社会网络中代际支持体系的构建

无论是向前的代际公共品还是向后的代际公共品，其顺利实现需要科学的代际支持体系为基础和保障。在国家治理能力和治理水平不断提高的进程中，政府、市场和社会三方力量的互嵌网络是代际支持的主要构成。社会转型背景下，我国在环境治理和养老服务领域的代际支持实践丰富，但尚未有系统性的理论归纳，随着公共品理论的完善和治理理论的不断发展，这一领域可能会得到更多关注。

10.2.2 注重多学科的综合研究

代际公共品的供给涉及复杂的社会关系、经济关系和文化关系，任何一门单独学科都难以将其透彻、综合分析。在后续代际公共品理论研究中，我们需要运用跨学科综合研究，结合实践，丰富代际公共品理论的内容，增强代际公共品理论发展的生命力，更好地呈现代际发展全景。

参考文献

一、中文部分

[1] 埃莉诺·奥斯特罗姆（Ostrom，Elinor），罗杰·帕克斯（Parks，Roger B.），戈登·惠特克（Whitaker，Gordon P.）. 公共事物的治理之道：集体行动制度的演进［M］. 余逊达，陈旭东，译. 上海：三联书店，2000.

[2] 埃莉诺·奥斯特罗姆. 公共事务的治理之道［M］. 上海：上海译文出版社，2012.

[3] 巴里·菲尔德，玛莎·菲尔德. 环境经济学［M］. 3 版. 北京：中国财政经济出版社，2006.

[4] 包先康. 农村养老服务协同供给模式建构研究［J］. 社会学辑刊，2016（5）：38 –46.

[5] 保罗·R. 伯特尼，罗伯特·N. 史蒂文斯. 环境保护的公共政策［M］. 上海：上海人民出版社，2004.

[6] 庇古. 福利经济学［M］. 北京：中国社会科学出版社，1999.

[7] 曹湘荣. 蒂布特模型［M］. 北京：社会科学文献出版社，2004.

[8] 陈芳，方长春. 家庭养老功能的弱化与出路：欠发达地区农村养老模式研究［J］. 人口与发展，2014（1）：99 –106.

[9] 陈功，杜鹏，陈谊. 关于养老“时间储蓄”的问题与思考［J］. 人口与经济，2001（6）：67 –73.

[10] 陈功，王笑寒. 我国“时间银行”互助养老模式运行中的问题及对策研究［J］. 理论学刊，2020（5）：132 –140.

[11] 陈红梅. 后代人环境法主体地位的构建［J］. 西南民族大学学报（人文社会科学版），2004（5）：130 –134.

[12] 陈赛权．养老资源自我积累制初探 [J]．人口学刊，1999 (3)：17 -23.
[13] 程启智．政府社会性管制理论及其应用研究 [M]．北京：经济科学出版社，2008.
[14] 大卫·皮尔斯，等．绿色经济的蓝图 [M]．北京：北京师范大学出版社，1996.
[15] 戴维·皮尔斯，杰瑞米·沃福德．世界无末日：经济学、环境与可持续发展 [M]．北京：中国财政经济出版社，1996.
[16] 丹尼尔·F. 史普博．管制与市场 [M]．余晖，等译．上海：上海三联书店，上海人民出版社，1999.
[17] 党俊武，魏彦彦，刘妮娜．中国城乡老年人生活状况调查报告 (2018) [M]．北京：社会科学文献出版社，2018.
[18] 邓志锋．关于我国助老服务"时间银行"建设的思考 [J]．南京人口管理干部学院学报，2012 (4)：17 -21.
[19] 刁心薇，曾珍香．环境规制对我国能源效率影响的研究：基于省际数据的实证分析 [J]．技术经济与管理研究，2020，284 (3)：92 -97.
[20] 丁鑫，古桂琴．企业环保责任与政府规制必要性分析 [J]．山西高等学校社会科学学报，2008 (10)：61 -63.
[21] 董广霞，毛剑英．淮河流域污染"久治不愈"原因浅析及治理措施建议 [J]．中国环境监测，2005 (12)：75 -78.
[22] 杜龙政，赵云辉，陶克涛，林伟芬．环境规制、治理转型对绿色竞争力提升的复合效应：基于中国工业的经验证据 [J]．经济研究，2019 (10)：106 -120.
[23] 杜鹏，安瑞霞．政府治理与村民自治下的中国农村互助养老 [J]．中国农业大学学报 (社会科学版)，2019 (6)：50 -57.
[24] 杜鹏，王永梅．乡村振兴战略背景下农村养老服务体系建设的机遇、挑战及应对 [J]．河北学刊，2019 (4)：172 -184.
[25] 杜小伟．政府规制下企业环境责任缺失的成因、对策分析 [J]．广西财经学院学报，2009 (6)：16 -18.
[26] E. 库拉．环境经济学思想史 [M]．上海：上海人民出版社，2007.
[27] 范金．可持续发展下的最优经济增长 [M]．北京：经济管理出版社，2002.

[28] 方浩．农村互助式养老模式的选择与策略研究［J］．兰州学刊，2019（11）：157－166.

[29] 费孝通．乡土中国［M］．北京：人民出版社，2008.

[30] 冯晓丽，刘丽．农村居家养老服务网络的构建［J］．重庆社会科学，2016（6）：98－103.

[31] 傅京燕．环境规制与产业国际竞争力［M］．北京：经济科学出版社，2006.

[32] 傅帅雄，张可云．污染性产业布局及减排技术对中国污染转移的影响研究［J］．河北经贸大学学报，2011（5）：29－34.

[33] 傅蔚冈，宋华琳．规制研究：转型时期的社会性规制与法治：第1辑［M］．上海：格致出版社，上海人民出版社，2008.

[34] 甘颖．农村养老与养老自组织发展［J］．南京农业大学学报，2020（3）：48－58.

[35] 高峰，廖小平．论代内公平、代际公平与经济效率［J］．江苏社会科学，2004（2）：48－52.

[36] 高灵芝．农村社区养老服务设施定位和运营问题及对策［J］．东岳论丛，2015（12）：159－163.

[37] 宫本宪一．环境经济学［M］．上海：生活·读书·新知三联书店，2004.

[38] 顾昕．走向互动式治理：国家治理体系创新中“国家－市场－社会关系”的变革［J］．学术月刊，2019（1）：77－86.

[39] 国务院新闻办公室．中国的环境保护（1996～2005）［N］．中国环境报，2006－06－06（1）.

[40] 哈罗德·德姆塞茨．所有权、控制与企业：论经济活动的组织［M］．北京：经济科学出版社，2000.

[41] 韩俊．关于实施乡村振兴战略的八个关键性问题［J］．党政干部论坛，2018（4）：19－26.

[42] 贺雪峰．互助养老：中国农村养老的出路［J］．南京农业大学学报（社会科学版），2020（5）：1－8.

[43] 贺雪峰．如何应对农村老龄化：关于建立农村互助养老的设想［J］．中国农业大学学报（社会科学版），2019（3）：58－65.

[44] 贺雪峰. 乡村振兴与农村集体经济 [J]. 武汉大学学报（哲学社会科学版），2019（4）：185-192.

[45] 洪树林，邵宜航. 世代交叠模型中的环境政策分析 [J]. 南方经济，2006（4）：24-31.

[46] 侯建，董雨，陈建成. 雾霾污染、环境规制与区域高质量发展 [J]. 环境经济研究，2020，5（3）：37-55.

[47] 侯立平. 美国“自然形成退休社区”养老模式探析 [J]. 人口学刊，2011（2）.

[48] 胡宁生. 中国社会转型中战略变迁的公共政策学解释：西方公共政策非线性过程理论的中国应用 [J]. 江海学刊，2006（1）：85-90.

[49] 黄枫. 农村失能老人现状及长期护理制度建设 [J]. 中国软科学，2016（1）：72-78.

[50] 黄抗生，鄂平玲. 首批“双高”产品黑名单公布 [N]. 人民日报海外版，2008-02-27.

[51] 黄乾，论代内公平与代际公平 [J]. 南方人口，2001（2）：16-20.

[52] 罗会强，吴侃，钱佳慧，等. 家庭支持对我国老年人身心健康影响的城乡差异研究 [J]. 四川大学学报（医学版），2017（2）：263-267.

[53] 贾丽虹. 外部性理论研究：中国环境规制与知识产权保护制度的分析 [M]. 北京：人民出版社，2007.

[54] 江曙霞，等. 改革开放中的地方政府：厦门变迁30年标本考察 [M]. 上海：格致出版社，上海人民出版社，2009.

[55] 金华宝，发达国家互助养老的典型模式与经验借鉴 [J]. 山东社会科学，2019（2）：52-58.

[56] 科斯，等. 财产权利与制度变迁：产权学派与新制度学派译文集 [M]. 上海：上海人民出版社，1991.

[57] 孔祥利，毛毅. 我国环境规制与经济增长关系的区域差异分析：基于东、中、西部面板数据的实证研究 [J]. 南京师大学报（社会科学版），2010（1）：56-60.

[58] 劳可夫，刘思华. 地方保护主义影响企业排污控制的机制研究 [J]. 开发研究，2007（2）：79-81.

[59] 劳可夫，刘思华. 企业排污控制中地方政府激励缺失的经济学分析

[J]. 学术论坛，2005 (7)：74 -76.
[60] 蕾切尔·卡森. 寂静的春天 [M]. 吕瑞兰，李长生，译. 上海：上海译文出版社，2008.
[61] 李碧珍. 企业社会责任缺失：现状、根源、对策 [J]. 企业经济，2006 (6)：12 -15.
[62] 李海舰，李文杰，李然. 中国未来养老模式研究：基于时间银行的拓展路径 [J]. 管理世界，2020 (3)：76 -90.
[63] 李红利. 中国地方政府环境规制的难题及对策分析 [D]. 上海：华东师范大学，2008.
[64] 李明，曹海军. 老龄化背景下国外时间银行的发展及其对我国互助养老的启示 [J]. 国外社会科学，2019 (1)：12 -19.
[65] 李强，冯波. 环境规制、政治关联与环境信息披露质量：基于重污染上市公司经验证据 [J]. 经济与管理，2015 (7)：58 -66.
[66] 李俏，陈健. 社会流动背景下农村代际支持及其影响因素分析 [J]. 宁夏社会科学，2017 (4)：113 -121.
[67] 李俏，刘亚琪. 农村互助养老的历史演进、实践模式与发展走向 [J]. 西北农林科技大学学报（社会科学版），2018 (5)：72 -78.
[68] 李俏，马晶玉. 从血缘到地缘：农村代际互助拓展的可能与范式 [J]. 江南大学学报（人文社会科学版），2020 (6)：91 -99.
[69] 李俏，马修·卡普兰. 老龄化背景下的代际策略及其社会实践：兼论中国的可能与未来 [J]. 国外社会科学，2017 (4)：54 -63.
[70] 李俏，孙泽南. 合作社融入农村养老供给的逻辑、模式与效应 [J]. 西北农林科技大学学报（社会科学版），2021 (1)：114 -122.
[71] 李胜兰，初善冰，申晨. 地方政府竞争、环境规制与区域生态效率 [J]. 世界经济，2014，37 (4)：88 -110.
[72] 李实. 中国农村老年贫困：挑战与机遇 [J]. 社会治理，2019 (6)：17 -20.
[73] 李巍，王华东，姜文来. 可持续发展决策和评价中的代际公平问题研究 [J]. 中国人口·资源与环境，1996 (4)：41 -46.
[74] 李项峰. 地方政府行为外部性研究 [D]. 广州：暨南大学，2007.
[75] 李项峰，李郁芳. 地方政府规制与规制外部性 [J]. 江苏社会科学，

2006 (3): 60 – 65.

[76] 李项峰，李郁芳. 论公共品的权限问题 [J]. 中央财经大学学报，2005 (9): 6 – 9.

[77] 李项峰，李郁芳. 政府规制外部性及其政策涵义 [J]. 南京社会科学，2006 (7): 21 – 25.

[78] 李永友，沈坤荣. 我国污染控制政策的减排效果：基于省际工业污染数据的实证分析 [J]. 管理世界，2008 (7): 7 – 17.

[79] 李玉红，王皓. 中国人口空心村与实心村空间分布：来自第三次农业普查行政村抽样的证据 [J]. 中国农业经济，2020 (4): 124 – 144.

[80] 李郁芳. 公共决策听证与政府规制失灵的防治 [J]. 暨南学报（人文科学与社会科学版），2004，113 (6): 32 – 36.

[81] 李郁芳，李项峰，蔡彤. 政府行为外部性的经济学分析 [M]. 北京：经济科学出版社，2009.

[82] 李郁芳，李项峰. 地方政府环境规制的外部性分析：基于公共选择视角 [J]. 财贸经济，2007 (3): 54 – 59.

[83] 李郁芳. 体制转轨期间政府规制失灵的理论分析 [J]. 暨南学报（哲学社会科学版），2002，24 (6): 29 – 35.

[84] 李郁芳，郑杰. 论政府行为外部性的形成 [J]. 学术研究，2004 (6): 30 – 34.

[85] 李郁芳. 政府公共品供给行为的外部性探析 [J]. 南方经济，2005 (6): 21 – 23.

[86] 李郁芳. 政府公共品供给行为外部性的形成机理：基于公共选择过程 [J]. 暨南学报（哲学社会科学版），2008，132 (1): 62 – 67.

[87] 李郁芳. 政府规制过程的行为主体及其相互关系的理论分析 [J]. 福建论坛（经济社会版），2002 (11): 24 – 27.

[88] 李郁芳. 政府微观规制行为的国别差异与启示 [J]. 学术研究，2002 (6): 10 – 14.

[89] 李郁芳. 政府行为外部性与人和自然和谐发展 [J]. 暨南学报（哲学社会科学版），2006 (1): 32 – 36.

[90] 李郁芳. 转轨时期政府规制过程的制度缺陷及其治理 [J]. 管理世界，2004 (1): 137 – 138.

[91] 李增刚．全球公共品：定义、分类及其供给［J］．经济评论，2006（1）：131－140.

[92] 连玉明，武建中．中国政府创新案例［M］．北京：中国时代经济出版社，2006.

[93] 梁本凡．淮河流域水污染治理与措施创新［J］．水资源保护，2006（5）：84－87.

[94] 林梅．环保政策实施过程中不同政策主体之间的博弈分析：关系及格局：以淮河污染防治为例［M］//洪大用．中国环境社会学：一门建构中的学科．北京：社会科学文献出版社，2007.

[95] 林尚立．政府间关系［M］．杭州：浙江人民出版社，1998.

[96] 刘妮娜．从互助养老到互助共同体：现代乡村共同体建设的一种可行路径［J］．云南民族大学学报（哲学社会科学版），2021（2）：109－117.

[97] 刘妮娜．欠发达地区农村互助型社会养老服务的发展［J］．人口与经济，2017（1）：54－62.

[98] 刘妮娜．中国农村互助型社会养老的类型与运行机制探析［J］．人口研究，2019（2）：100－112.

[99] 刘研华．中国环境规制改革［D］．沈阳：辽宁大学，2007.

[100] 刘燕，李录堂．垂直型环境规制对污染性产业转移的作用机制：基于地方政府竞争视角分析［J］．生态经济，2021（7）：206－210.

[101] 卢洪友，刘啟明，祁毓．中国环境保护税的污染减排效应再研究：基于排污费征收标准变化的视角［J］．中国地质大学学报（社会科学版），2018（5）：67－82.

[102] 卢洪友．外国环境公共治理：理论、制度与模式［M］．北京：中国社会科学出版社，2014.

[103] 逯东，王运陈，王春国，杨丹．政治关联与民营上市公司的内部控制执行［J］．中国工业经济，2013（11）：96－108.

[104] 逯进，赵亚楠，陈阳．人力资本、技术创新对环境污染的影响机制：基于全国285个城市的实证分析［J］．长江流域资源与环境，2019（9）：2186－2196.

[105] 吕晓莉，李志宏．人口老龄化与社会代际矛盾及其治理［J］．中国青

年研究，2014（1）：30 – 35.
[106] 吕志科，鲁珍．公众参与对区域环境治理绩效影响机制的实证研究[J]．中国环境管理，2021（3）：146 – 152.
[107] 马贵侠．论“时间银行”模式在居家养老中的应用[J]．南京理工大学学报（社会科学版），2010（12）：116 – 120.
[108] 迈克尔·麦金尼斯（McGinnes，Michael）．多中心治道与发展[M]．王文章，毛寿龙，译．上海：上海三联书店，2000.
[109] 迈克尔·波特．竞争战略：分析产业和竞争者的技巧[M]．陈小悦，译．北京：华夏出版社，1997.
[110] 曼瑟尔·奥尔森．集体行动的逻辑[M]．上海：上海三联书店，上海人民出版社，2007.
[111] 毛寿龙，李梅，李幽泓．西方政府的治道变革[M]．北京：中国人民大学出版社，1998.
[112] 梅多斯，等．增长的极限[M]．北京：商务印书馆，1984.
[113] 默里·L. 韦登鲍姆．全球市场中的企业与政府[M].6 版．张兆安，译．上海：上海三联书店，上海人民出版社，2002.
[114] 穆光宗．建立代际互助体系，走出传统养老困境[J]．市场与人口分析，1999（6）：33 – 35.
[115] 聂洪辉．代际支持过度与代际回馈断裂：农村养老的代际结构性困境[J]．广西社会科学，2017（6）：144 – 149.
[116] 彭海珍，任荣明．环境政策工具与企业竞争优势[J]．中国工业经济，2003（7）：75 – 82.
[117] 彭海珍．中国环境政策体系改革的思路探讨[J]．科学管理研究，2006（1）：25 – 28.
[118] 彭炎辉．代际双重绑定时间银行：农村养老服务新模式[J]．西北人口，2017（6）：87 – 92.
[119] 彭希哲，胡湛．公共政策视角下的中国人口老龄化[J]．中国社会科学，2011（3）：121 – 138.
[120] 祁峰，高策．发展“时间银行”互助养老服务的难点及着力点[J]．天津行政学院学报，2018（3）：19 – 25.
[121] 祁毓，赵韦翔．财政支出结构与绿色高质量发展：来自中国地级市的

证据 [J]. 环境经济研究, 2020, 5 (4): 93-115.
[122] 乔治·斯蒂纳, 约翰·斯蒂纳, 企业、政府与社会 [M]. 北京: 华夏出版社, 2002.
[123] 青木昌彦. 比较制度分析 [M]. 上海: 上海远东出版社, 2001.
[124] 曲振涛, 杨恺钧. 规制经济学 [M]. 上海: 复旦大学出版社, 2006.
[125] 沈洪涛, 李余晓璐. 我国重污染行业上市公司环境信息披露现状分析 [J]. 证券市场导报, 2010 (6): 51-57.
[126] 沈坤荣, 金刚. 中国地方政府环境治理的政策效应: 基于"河长制"演进的研究 [J]. 中国社会科学, 2018 (5): 92-115.
[127] 舒基元, 姜学民. 资源代际管理与可持续发展 [J]. 中国人口·资源与环境, 1999 (1): 11-13.
[128] 宋冬林, 汤吉军. 从代际公平分配角度质疑新古典资源定价模式 [J]. 经济科学, 2004 (6): 112-121.
[129] 宋海水. 环境管理公众参与机制研究 [D]. 北京: 清华大学, 2004.
[130] 宋豫, 吴宇. 尚未出生的后代的环境权 [J]. 商业研究, 2002 (5): 149-151.
[131] 孙海婧, 李实. 农村社区互助养老的代际补偿机制研究 [J]. 广东社会科学, 2021 (3): 26-34.
[132] 孙海婧. 养老服务代际外部性及其治理 [J]. 广东社会科学, 2020 (3): 44-52.
[133] 孙涛. 儒家孝道影响下代际支持和养老问题的理论研究 [J]. 山东社会科学, 2015 (7): 131-135.
[134] 田鹏. 新型城镇化社区组织结构转型与功能变迁 [J]. 西北农林科技大学学报 (社会科学版), 2017 (1): 96-103.
[135] 涂晓芳. 政府利益论: 从转轨时期地方政府的视角 [M]. 北京: 北京航空航天大学出版社, 2008.
[136] 托马斯·思德纳. 环境与自然资源管理的政策工具 [M]. 上海: 上海人民出版社, 2005.
[137] 汪劲. 中国环境法原理 [M]. 北京: 北京大学出版社, 2000.
[138] 汪伟全. 地方政府竞争秩序的治理: 基于消极竞争行为的研究 [M]. 上海: 上海人民出版社, 2009.

[139] 汪永晨．选择：中国环境记者调查报告（2006）［M］．北京：生活·读书·新知三联书店，2007.

[140] 汪永晨．选择：中国环境记者调查报告（2007）［M］．北京：生活·读书·新知三联书店，2009.

[141] 王芳，季健，秦海鸥，王龙梅．技术创新对环境污染影响的空间分析：基于研发投入视角［J］．生态经济，2021（7）：196－205.

[142] 王凤．公众参与环保行为机理研究［M］．北京：中国环境科学出版社，2008.

[143] 王贵明．产业生态与产业经济：构建循环经济之基石［M］．南京：南京大学出版社，2009.

[144] 王俊豪．政府管制经济学导论：基本理论及其在政府管制实践中的应用［M］．北京：商务印书馆，2001.

[145] 王澎湖，林伟，李一男．农村留守老人生活满意状况考察［J］．南京人口管理干部学院学报，2007（1）：41－44.

[146] 王廷惠．微观规制理论研究：基于对正统理论的批判和将市场作为一个过程的理解［M］．北京：中国社会科学出版社，2005.

[147] 王伟进．互助养老的模式类型与现实困境［J］．行政管理改革，2015（10）：63－68.

[148] 王雅莉，朱金鹏．地方政府间多维竞争对城市污染的影响研究［J］．现代经济探讨，2020（4）：48－58.

[149] 王勇．流域政府间横向协调机制研究［D］．南京：南京大学，2008.

[150] 王跃生．社会转型及其对中国当代家庭的影响［J］．中国高校社会科学，2017（5）：58－68.

[151] 王泽淮．时间银行：社区志愿者服务的新形式［J］．社区，2003（12）：23.

[152] 王珍．人口资源与环境经济学［M］．合肥：合肥工业大学出版社，2005.

[153] 卫玲，任保平．治理外部性与可持续发展之间关系的反思［J］．当代经济研究，2002（6）：7－9，18.

[154] 文丰安．农村互助养老：历史演变、实践困境和发展路径［J］．西北农林科技大学学报（社会科学版），2021（1）：105－113.

[155] 文森特·奥斯特罗姆（Ostrom, Vincent）. 美国公共行政的思想危机 [M]. 毛寿龙，译. 上海：上海三联书店，1999.

[156] 文森特·奥斯特罗姆. 美国地方政府 [M]. 北京：北京大学出版社，2004.

[157] 吴帆，李建民. 中国人口老龄化和社会转型背景下的社会代际关系 [J]. 学海，2010 (1): 35-41.

[158] 夏光. 中日环境政策比较研究 [M]. 北京：中国环境科学出版社，1999.

[159] 夏凉，朱莲美，王晓栋. 环境规制、财政分权与绿色全要素生产率 [J]. 统计与决策，2021 (13): 131-135.

[160] 肖宏. 环境规制约束下污染密集型企业越界迁移及其治理 [D]. 上海：复旦大学，2008.

[161] 谢望礼. 淮河污染治理难在哪 [J]. 经济视角，2005 (4): 30-31.

[162] 辛宝英，杨真. 社区支持对农村互助养老参与意愿的影响研究 [J]. 中国人口科学，2021 (2): 114-128.

[163] 徐现祥，王贤彬，舒元. 地方官员与经济增长：来自省长、省委书记交流的证据 [J]. 经济研究，2007 (8): 18-31.

[164] 许彬. 公共经济学导论：以公共产品为中心的一种研究 [M]. 哈尔滨：黑龙江人民出版社，2003.

[165] 许加明. "时间银行"模式应用于居家养老互助服务的思考 [J]. 社会工作，2015 (1): 74-80.

[166] 闫世辉，钱勇. 2008 年环境保护形势 [M]. 北京：社会科学文献出版社，2008.

[167] 岩佐茂. 环境的思想：环境保护与马克思主义的结合处 [M]. 韩立新，等译. 北京：中央译编出版社，1997.

[168] 阎兆万. 产业与环境：基于可持续发展的产业环保化研究 [M]. 北京：经济科学出版社，2007.

[169] 燕兴胜，等. 地方政府在环境污染上规制失效的经济分析 [J]. 天中学刊，2007 (2): 47-49.

[170] 杨东宁，周长辉. 企业环境绩效与经济绩效的动态关系模型 [J]. 中国工业经济，2004 (4): 43-50.

[171] 杨建文．政府规制：21 世纪理论研究潮流 [M]. 上海：学林出版社，2007.

[172] 杨静慧．农村老人互助养老意愿及政策启示：基于江苏的实证研究 [J]. 兰州学刊，2020 (4)：188 – 198.

[173] 杨静慧．欠发达地区农村空巢家庭养老的困境与应对：兼论互助式养老的综合效益 [J]. 甘肃社会科学，2017 (6)：177 – 181.

[174] 姚从容．环境公共物品的经济学分析 [M]. 北京：经济科学出版社，2005.

[175] 姚志勇．环境经济学 [M]. 北京：北京大学出版社，2003.

[176] 余耀军，刘超．淮河流域水污染治理的困境与对策 [J]. 环境法论坛，2005 (4)：111 – 115.

[177] 俞可平．论国家治理现代化 [M]. 北京：社会科学文献出版社，2015.

[178] 曾文慧．流域越界污染规制：对中国跨省水污染的实证研究 [J]. 经济学季刊，2008 (2)：447 – 464.

[179] 曾文慧．越界水污染规制 [D]. 上海：复旦大学，2005.

[180] 曾贤刚，程磊磊．不对称信息条件下环境监管的博弈分析 [J]. 经济理论与经济管理，2009 (8) 56 – 59.

[181] 翟绍果，王健荣．社会支持对老年人主观幸福感的影响研究：基于精神健康因素的多重中介效应 [J]. 西北人口，2018 (4)：43 – 50.

[182] 詹姆斯·M. 布坎南，戈登·塔洛克．同意的计算 [M]. 北京：中国社会科学出版社，2000.

[183] 张弛，任剑婷．基于环境规制的我国对外贸易发展策略选择 [J]. 生态经济，2005 (10)：169 – 171.

[184] 张川川，陈斌开．“社会养老能否替代“家庭养老？ [J]. 经济研究，2014 (11)：102 – 115.

[185] 张国军．西方选举民主的合法化功能及其限度 [J]. 当代世界与社会主义，2019 (1)：170 – 178.

[186] 张继颖，孙柏瑛．倡导联盟框架：动态演进、应用特征及其应用评价 [J]. 兰州大学学报（社会科学版），2020 (6)：22 – 32.

[187] 张竞月，许世存．社会资本对农村老年人生活满意度的影响 [J]. 人口学刊，2021 (2)：74 – 85.

[188] 张军，高远．中国的官员任期、异地交流与经济增长：来自省级经验的证据［J］．经济研究，2007（11）：91－103.

[189] 张俊浦．积极老龄化视角下农村互助养老模式的功能分析［J］．福建农林大学学报（哲学社会科学版），2017（1）：1－4.

[190] 张坤民，温宗国．当代中国的环境政策：形成、特点与评价［J］．中国人口·资源与环境，2007（2）：1－7.

[191] 张理华．安徽淮北平原水环境污染分析［J］．云南地理环境研究，2007（7）：121－127.

[192] 张岭泉，吕子晔．内生增能：农村社区空巢老年人养老功能的适应性调整及其支持对策［J］．河北大学学报（哲学社会科学版），2019（1）：125－131.

[193] 张嫚．环境规制对企业竞争力的影响［J］．中国人口·资源与环境，2004（4）：126－130.

[194] 张嫚．环境规制约束下的企业行为［M］．北京：经济科学出版社，2006.

[195] 张维迎．博弈论和信息经济学［M］．上海：上海人民出版社，1996.

[196] 张玉堂．利益论：关于利益冲突与协调问题的研究［M］．武汉：武汉大学出版社，2001.

[197] 张云英，张紫薇．农村互助养老模式的历史嬗变与现实审思［J］．湘潭大学学报（哲学社会科学版），2017（7）：34－38.

[198] 赵红．环境规制的成本收益分析：美国的经验与启示［J］．山东经济，2006（2）：115－120.

[199] 赵时亮．代际外部性与不可持续发展的根源［J］．中国人口·资源与环境，2003（4）：1－4.

[200] 赵时亮，高海燕，谭琳．论代际外部性与可持续发展［J］．南开学报（哲学社会科学版），2003（4）：41－47.

[201] 赵玉民，朱方明，贺立龙．环境规制的界定、分类与演进研究［J］．中国人口·资源与环境，2009，19（6）：85－90.

[202] 赵志强．农村互助养老模式的发展困境与策略［J］．河北大学学报（哲学社会科学版），2015（1）：72－75.

[203] 植草益．微观规制经济学［M］．朱绍文，等译．北京：中国发展出版

社，1992.
[204] 周黎安．晋升博弈中政府官员的激励与合作：兼论我国地方保护主义和重复建设长期存在的原因［J］．经济研究，2004（6）：33－40.
[205] 周黎安．转型中的地方政府：官员激励与治理［M］．上海：上海人民出版社，2008.
[206] 周伟．合作型环境治理：跨域生态环境治理中的地方政府合作［J］．青海社会科学，2020（2）：76－83.
[207] 周振华．体制变革与经济增长：中国经验与范式分析［M］．上海：上海三联书店、上海人民出版社，1999.
[208] 朱火云，丁煜．农村互助养老的合作生产困境与路径优化：以X市幸福院为例［J］．南京农业大学学报（社会科学版），2021（2）：62－72.
[209] 朱向东，贺灿飞，李茜，等．地方政府竞争、环境规制与中国城市空气污染［J］．中国人口·资源与环境，2018，214（6）：106－113.
[210] 朱旭峰，王笑歌．论“环境治理公平”［J］．中国行政管理，2007（9）：107－111.
[211] 朱玉民．转型期多重利益驱动下的地方政府行为研究［D］．济南：山东大学，2006.
[212] 自然地理与环境研究编辑委员会．自然地理与环境研究［M］．广州：中山大学出版社，1992.
[213] 自然之友，杨东平．中国环境发展报告（2009）［M］．北京：社会科学文献出版社，2009.

二、外文部分

[1] Barbera A J, Mcconnell V D. The Impact of Environmental regulations on Industry Productivity: Direct and Indirect Effects [J]. Journal of Environment Economics and Management, 1998, 18 (1): 50－65.
[2] Becker R A, Henderson J V. Effects of Air Quality Regulations on Polluting Industries [J]. Journal of Political Economy, 2000, 108 (2): 379－421.
[3] Besley T J, Coates. Centralized Versus Decentralized Provision of Local Public Goods: A Political Economy Approach [J]. Journal of Public Economics,

2003, 87 (12): 2611 -2637.

[4] Boadway R, Marchand M, Vigneault M. The Consequences of Overlapping Tax Bases for Redistribution and Public Spending in a Federation [J]. Journal Public Economics, 1998, 68 (3): 453 -478.

[5] Buchanan J M, Tollison R D. The Theory of Public Choice [M]. University of Michigan Press, 1972.

[6] Buchanan J. Positive Economics, Welfare Economics, and Political Economy [J]. The Journal of Law and Economics, 1959 (2): 124 -138.

[7] Buchholz W, Rubbelke D. The Theory of Externalities, Public Goods and Club Goods [M]. Cambridge University Press, 1986.

[8] Campbell C J. Leviathan and Fiscal Illusion in Local Government Overlapping Jurisdictions [J]. Public Choice, 2004, 120: 301 -329.

[9] Chen G, Huang G G. The Localization, Practice and Innovation of Time Banking: On a New Approach to China's Aging Population [J]. Contemporary Social Sciences, 2018, 4: 1 -15.

[10] Chen L L, He F, Zhang Q Z, et al. Two-stage Efficiency Evaluation of Production and Pollution Control in Chinese Iron and Steel Enterprises [J]. Journal of Cleaner Production, 2017, 165: 611 -620.

[11] Chen S X. The Effect of a Fiscal Squeeze on Tax Enforcement: Evidence from a Natural Experiment in China [J]. Journal of Public Economics, 2017, 147 (3): 62 -76.

[12] Collom E D. Engagement of the Elderly in Time Banking: The Potential for Social Capital Generation in an Aging Society [J]. Journal of Aging & Social Policy, 2008, 20: 414 -436.

[13] Cornes R, Sandler T. The Theory of Externalities, Public Goods, and Club Goods [M]. New York: Cambridge University Press, 1986.

[14] Daly H E. The World Dynamics of Economic Growth: The Economics of The Steady State [J]. The American Economic Association, 1974, 64 (2): 15 -23.

[15] David W. Racing to the Bottom: Foreign Investment and Air Pollution in Developing Countries [J]. Policy Research Working Paper, 2001, 10

(3)：225 –245.

[16] Diamond P. National Debt in a Neoclassical Growth Model [J]. American Economic Review, 1965, 55 (5)：1126 –1150.

[17] Doeleman J A, Sandler T. The Intergenerational Case of Missing Markets and Missing Voters [J]. Land Economics, 1998, 74：1 –15.

[18] Giancarlo M, Pasquale S. Overlapping Generations and Environmental Control [J]. Journal of Environmental Economics and Management, 1995, 29：64 –77.

[19] Grawe N D, Mulligan C B. Economic Interpretations of Intergenerational Correlations [J]. Journal of Economic Perspective, 2002, 16：45 –58.

[20] Gregory L. Resilience or Resistance? Time Banking in the Age of Austerity [J]. Journal of Contemporary European Studies, 2014, 22：171 –183.

[21] Grossman G M, Helpman E. Intergenerational Redistribution with Short-lived Governments [J]. The Economic Journal, 1998, 108：1299 –1329.

[22] Harper S, Hamblin K, Hoffman J, Howse K, Leeson G. International Handbook on Ageing and Public Policy [M]. Edward Elgar Publishing Limited, 2014.

[23] Holtermann S E. Externalities and Welfare [J]. The Economic Journal, 1973 (330)：330.

[24] Howarth R B. Intergenerational Competitive Equilibria under Technological Uncertainty and an Exhaustible Resource Constraint [J]. Journal of Environmental Economics and Management, 1991, 21 (3)：225 –243.

[25] Howarth R, Norgaad R. Environmental Valuation under Sustainable Development [J]. American Economic Review, 1992, 82：473 –477.

[26] Howarth R, Norgaad R. Intergenerational Resource Rights, Efficiency, and Social Optimality [J]. Land Economics, 1990, 66：1 –11.

[27] Jiang Z Y, Wang Z J, Zeng Y Q. Can Voluntary Environmental Regulation Promote Corporate Technological Innovation [J]. Business Strategy and the Environment, 2020, 29 (2)：390 –406.

[28] Jimeno J F, Rojas J A, Puente S. Modelling the Impact of Aging on Social Security Expenditures [J]. Economic Modelling, 2006, 25 (2), 201 –224.

[29] John A, Pecchenino R, Schimmelpfennig D E, Schreft S L. Short-lived Agents and the Long-lived Environment [J]. Journal of Public Economics, 1995, 58: 127 -141.

[30] John A, Pecchenino R. An Overlapping Generations Model of Growth and the Environment [J]. Economic Journal, 1994 (104): 1393 -1421.

[31] John A, Pecchenino R. International and Intergenerational Environmental Externalities [J]. Scandinavian Journal of Economics, 1997, 99: 371 -387.

[32] Knapp K C. Exhaustible Resource Allocation, Intergenerational Equity, and Sustainability [J]. Agricultural and Resource Economics Review, 1996, 96: 60 -67.

[33] Kolmar M, Meier V. Intragenerational Externalities and Intergenerational Transfers [J]. CESifo Working Paper Series, 2005, 11 (4): 531 -548.

[34] Kotlikoff J. Generational Accounts: A Meaningful Alternative to Deficit Accounting [J]. Tax Policy and the Economy, 1991 (21): 55 -110.

[35] Lasker J, Collom E D, Bealer T, et al. Time Banking and Health: The Role of a Community Currency Organization in Enhancing Well-Being [J]. Health Promotion Practice, 2011, 12: 102 -115.

[36] Laurence K, Robert R. Some Inefficiency Implication of Generational politics and Exchange [J]. Economics and Politics, 1993, 5 (1): 27 -42.

[37] Li B, Wu S S. Effects of Local and Civil Environmental Regulation on Green Total Factor Productivity in China: A Spatial Durbin Econometric Analysis [J]. Journal of Cleaner Production, 2017, 153: 342 -353.

[38] Li D Y, Zheng M, Cao C C, et al. Impact of Legitimacy Pressure and Corporate Profitability on Green Innovation: Evidence from China Top 100 [J]. Journal of Cleaner Production, 2017, 141: 41 -49.

[39] Liang L. Why Do Some Countries Spend More for Health? An Assessment of Sociopolitical Determinants and International Aid for Government Health Expenditures [J]. Social Science & Medicine, 2014, 114: 161 -168.

[40] Lu J K, Tsai P H. Signal and Political Accountability: Environmental Petitions in China [J]. Economics of Governance, 2017 (4): 391 -418.

[41] Martin F. Sustainability, the Discount Rate, and Intergenerational Effects

within a Regional Framework [J]. The Annals of Regional Science, 1994, 28: 107 - 123.

[42] Marvasti A. The Coase Theorem as a Negative Externality [J]. Journal of Cultural Economics, 1992, 26: 1179 - 1189.

[43] Meijdam L, Verbon H A A. Aging and Public Pensions in an Overlapping Generations Model [J]. Oxford Economic Papers, 1997, 49 (1): 29 - 42.

[44] Meijer C D, Wouterse B, Polder J, et al. The Effect of Population Aging on Health Expenditure Growth: A Critical Review [J]. European Journal of Ageing, 2013, 10 (4): 353 - 361.

[45] Nadiri M I, Boadway R, Poterba J. Public R&D Politics and Cost Behavior of the US Manufacturing Industries [J]. Journal of Public Economics, 1996, 63 (1): 57 - 81.

[46] Oates W E, Schwab R M. Economic Competition Among Jurisdictions: Efficiency Enhancing or Distortion Inducing? [J]. Journal of Public Economics, 2001, 35 (3): 333 - 354.

[47] Padilla E. Intergenerational Equity and Sustainability [J]. Ecological Economics, 2002, 41: 69 - 83.

[48] Page T. On the Problem of Achieving Efficiency and Equity, Intergenerationally [J]. Land Economics, 1997, 73: 580 - 596.

[49] Pashigian B P. Environmental Regulation: Whose Self-interests are Being Protected? [J]. Economic Inquiry, 1985, 23: 551 - 584.

[50] Portor M E, VanderLinde C. Toward a New Conception of the Environment-Competitiveness Relationship [J]. Journal of Economic Perspectives, 1995, 9 (4): 97 - 118.

[51] Prettner K. Population Aging and Endogenous Economic Growth [J]. Journal of Population Economic, 2013 (26): 811 - 834.

[52] Rangel A. Forward and Backward Intergenerational Goods: Why is Social Security Good for the Environment [J]. The American Economic Review, 2003 (3): 813 - 834.

[53] Rangel A. How to Protect Future Generations Using Tax-Base Restrictions [J]. The American Economic Review, 2005, 95 (1): 314 - 346.

[54] Roemer J A. Theories of Distributive Justice [M]. Harvard University Press Cambridge, MA, 1996.

[55] Samuel H P, Children and the Elderly: Divergent Paths for America's Dependents [J]. Demography, 1984, 21 (4): 435 -457.

[56] Sandler T, Smith V K. Intertemporal and Intergenerational Pareto Efficiency [J]. Journal of Environmental Economics and Management, 1976, 2: 151 -159.

[57] Sandler T. A Theory of Intergenerational Clubs [J]. Economic Inquiry, 1982, 20: 191 -208.

[58] Sandler T. Intertemporal and Intergenerational Pareto Efficiency [J]. Journal of Environmental Economics and Management, 1976 (2): 151 -159.

[59] Sandler T. The Intergenerational Case of Missing Markets and Missing Voters [J]. Land Economics, 1998, 74 (1): 1 -15.

[60] Sanz I, Francisco J V. The Role of Ageing in the Growth of Government and Social Welfare Spending in the OECD [J]. European Journal of Political Economy, 2007, 23 (4): 917 -931.

[61] Shelton C A. The Aging Population and the Size of the Welfare State: Is There a Puzzle? [J]. Journal of Public Economics, 2007, 92 (3): 647 -651.

[62] Stephen R. The Economic Theory of Agency: The Principal's Problem [J]. American Economic Review, 1973, 63: 134 -139.

[63] Tabellini G. The Politics of Intergenerational Redistribution [J]. Journal of Political Economy, 1991, 99: 335 -357.

[64] Tiebout C M. A Pure Theory of Local Expenditure [J]. Journal of Political Economy, 1956, 64: 416 -424.

[65] Tullock G. Externalities and Government [J]. Public Choice, 1998, 96: 411 -415.

[66] Tullock G. More on the Welfare Costs of Transfers [J]. Kyklos, 1974, 27: 378 -381.

[67] Tullock G. Social Cost and Government Action [J]. American Economic Review, 1969, 59: 189 -197.

[68] Turnbull G K, Djoundourian S S. Overlapping Jurisdictions: Substitutes or

Complements? [J]. Public Choice, 1993, 75: 231 -245.

[69] Vanderven K. Intergenerational theory: The Missing Element in today's intergenerational programs [J]. Child and Youth Services, 1999, 20 (1 -2): 33 -47.

[70] Walter I, Ugelow J L. Environmental Policies in Developing Countries [J]. Technology Development and Environmental Impact, 1979, 8 (3): 102 -109.

[71] Wang X T, Luo Y. Has Technological Innovation Capability Addressed Environmental Pollution from the Dual Perspective of FDI Quantity and Quality? Evidence from China [J]. Journal of Cleaner Production, 2020, 258: 1 -13.

[72] Wiener J B. On the Political Economy of Global Environmental Regulation [J]. Georgetown Law Journal, 1999, 87 (3): 749 -794.

[73] William R L. Preserving Public Lands for the Future: The Politics of Intergenerational Goods [M]. Georgetown University Press, 1998.

[74] William R. Public Provision of Intergenerational Goods: The Case of Preserved Lands [J]. American Journal of Political Science, 1998, 42: 1082 -1107.

[75] Yohe G. Polluters Profits and Political Response: Direct Controls versus Taxes [J]. American Economic Review, 1975, 65 (1): 139 -147.

[76] Young H P. Equity: In Theory and Practice [M]. Princeton NJ: Princeton University Press, 1994.

[77] Zhang Y J, Hao J F The Evaluation of Environmental Capacity: Evidence in Hunan Province of China [J]. Ecological Indicators, 2016 (60): 514 -523.

[78] Zheng S Q, Kahn M E, Sun W Z, et al. Incentives for China's Urban Mayors to Mitigate Pollution Externalities: The Role of the Central Government and Public Environmentalism [J]. Regional Science and Urban Economics, 2014 (47): 61 -71.

[79] Zodrow G R, Mieszkowski P. Pigou, Tiebout, Property Taxation, and the Underprovision of Local Public Goods [J]. Journal of Urban Economics, 1986, 19 (3): 356 -370.